누구나
쉽고 재미있게

사고력 수학

노크

A3
(8~9세)

평면도형

이 책을 보시는 부모님들께

머리가 좋아야 수학을 잘 한다는 말이 있습니다. 또, 수학을 잘 못하는 아이는 아빠, 엄마의 머리를 물려받아서 그렇다는 등의 난데없는 유전자 논쟁이 벌어지기도 합니다. 하지만 많은 사람들의 일반적인 생각과는 달리 이는 근거없는 이야기입니다. 외국의 한 연구 기관에서 언어, 사회, 수학, 과학의 네 가지 분야 중 어떤 것이 아동의 선천적 재능에 영향을 받는지 조사한 연구 결과를 발표했는데 일반적인 예상과는 다르게 선천적 재능에 영향을 받는 순서는 사회, 언어, 과학, 수학 순이었습니다. 다시 말해, 수학은 여러 학문 분야 중 선천적인 재능보다는 후천적인 환경이나 교육자, 학습자의 노력에 가장 큰 영향을 받는 학문이라 볼 수 있습니다. 수학의 가장 기본이 되는 '수 영역'의 예를 들어 보겠습니다. 아이들이 수를 처음 접하는 시기의 차이는 있지만 실제 수에 대한 감각과 수를 다루는 연습은 생활 속에서의 체험이나 다양한 활동, 학습 속에서 이루어집니다. 즉, 수학의 가장 기본이 되는 수는 선천적으로 가진 재능과는 거의 연관이 없으며 자라나면서 어떤 환경에 놓이는지, 얼마나 많이 수를 생각할 수 있는 기회가 있는지, 나이에 맞는 올바른 학습을 만날 수 있는지에 좌우됩니다. 그러므로 아이의 수학적 발달에 문제가 있다면, 그 아이가 누구를 닮아서 그런지, 지능이 떨어지는지를 따질 것이 아니라 수학적 힘을 기를 수 있는 학습 환경을 어떻게 만들어줄 것인가를 고민해야 합니다.

국제영재교육연구소의 랜즐리 소장은 영재의 기준을 마련하기 위해 여러 연구를 시행한 결과, 영재의 공통적인 특징들을 발견하였습니다. 첫째는 115 이상의 지능지수(IQ), 둘째는 창의력(Creativity), 셋째는 동기적 요소라고 부르는 끈질긴 근성과 과제집착력이었습니다. 이들 세 가지 요소 역시 선천적으로 타고 나는 부분도 물론 있겠지만 대부분 후천적인 학습이나 교육 활동을 통해 기를 수 있는 능력이라는 데에 이의를 제기하기는 힘듭니다.

이처럼 수학적 능력은 후천적 학습 환경에 주로 좌우되며, 특히 어린 시절에는 그러한 경향이 더더욱 두드러집니다. 하지만 우리의 아이들을 둘러싼 수학적 환경을 다시 한 번 돌아봅시다. 초등학교를 들어가기 전부터 과도한 학습량과 무의미한 반복 활동, 이후의 수학 학습에 오히려 방해가 될 정도로 무리한 선행 학습 등의 환경은 아이의 수학적 힘을 길러주기보다는 수학에서 가장 중요한 창의적 사고력을 기를 수 있는 기회를 박탈함과 동시에 수학에 대한 흥미를 급속하게 떨어뜨리게 하여 수학으로 문제를 해결하려는 의지, 즉 수학적 동기를 스스로에게 부여하는 것을 불가능하게 만들어 버립니다. 중요한 것은 남들보다 먼저, 그리고 더 많이 수학적 지식을 머리 속에 주입하는 것이 아니라 태어나서부터 누구나 가지고 있는 수학에 대한 관심, 그리고 수학으로 생각하는 힘을 일깨워주는 것입니다.

수학을 잘할 수 있는 힘,

수학적 잠재력은 이미 여러분 아이들의 머릿 속에 줄곧 있어왔습니다. 단지 어떤 아이는 그것을 찾아내어 드러낼 수 있었고, 어떤 아이는 꼭꼭 숨긴 채 평생 드러나지 않을 뿐입니다. 이러한 수학적 잠재력에 대한 참신한 자극 – 생각을 두드리는 '노크'를 제안하려 합니다. '노크'는 수학적 지식과 스킬만을 무리하게 밀어넣지 않습니다. 왜 수학을 해야 하고, 어떻게 수학으로 가능한지 끊임없이 스스로 생각하게하는 계기로서의 활동이 되려 합니다. 일상으로부터 괴리된 학문으로서의 수학이 아닌, 삶을 살아가며 반드시 키워야 할 논리적, 합리적 사고력을 기를 수 있는 누구에게나 가장 중요한 경쟁력으로서의 수학을 주장합니다. '노크'야말로 새로운 수학 학습의 길을 보여주는 방향타가 될 것입니다.

한 현 조

똑!똑! 사고력 수학
노크의 구성

시작 : 생각열기

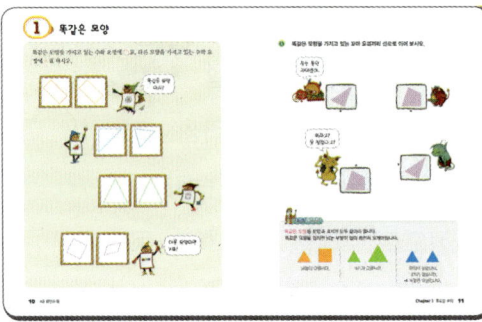

사고력 수학 주제에 맞는 수학적 상황, 수학사, 생활 속 수학 이야기 등의 자유로운 형식으로 흥미를 유발하고, 수학적 사고를 자극하는 주제별 프롤로그

노크 포인트

문제 해결의 핵심적 원리를 '콕!' 집어서 간결하게 요약한 사고력 수학 주제별 포인트

전개 : 유형 탐구

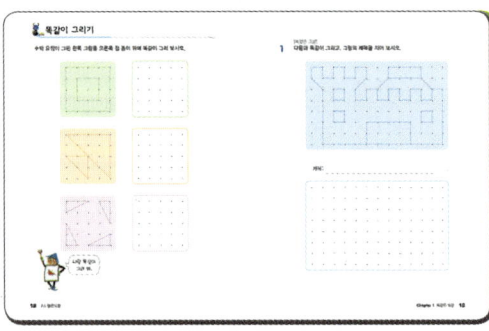

사고력 수학의 대표 유형을 노크만의 새로운 방법으로 차근차근 한 단계씩 익히고 해결하는 단계적 유형 탐구와 이를 통해 익힌 방법적 원리를 적용, 확장하는 확인 문항

수학 요정들의 친절한 충고와 꼬마 요괴들의 밉살스럽지만 유용한 조언으로 어려운 발전 문항의 해결을 돕는 문제 해결 도우미 박스

발전 : 창의적 문제해결력

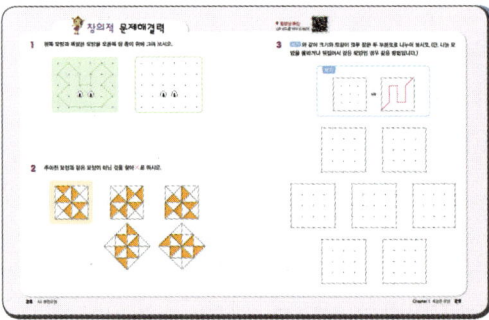

3개의 사고력 수학 주제를 갈무리하는, 한 차원 높은 창의력과 복합적인 사고력을 요구하는 발전 문항의 끝판왕

마무리 : 정답 및 해설

본문에 그대로 첨삭된 정답과 간략한 풀이 과정을 통한 사고력 수학 활동 피드백으로 마무리

노크
캐릭터 소개

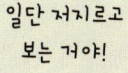
일단 저지르고 보는 거야!

난 궁금한 건 절대 못 참아.

침착하게 위기를 벗어나야 해.

생각으로 아주 멀리까지 날아가.

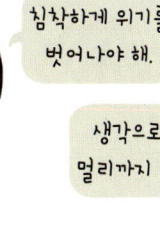

태경
활동파 리더

지오
호기심 공주

초이
조용한 전략가

아인
꼬마 천재

마법사 멀린과 수학 요정

마법사 멀린

노크랜드의 지식의 수호자. 지식을 파괴하려는 대마왕의 음모에 맞서 모험을 떠난 친구들의 든든한 조력자.

아르키메데스　페르마　플라톤

파스칼　피타고라스　가우스

유클리드　오일러

대마왕과 꼬마 요괴

대마왕

노크랜드의 지식의 파괴자. 세계를 차지하기 위해 모든 지식을 없애버리려고 하는 요괴들의 두목.

딴소리　한입　장난

딴짓　멍하니　잠만자

울보　거꾸로

이 책의 차례

Chapter 1

똑같은 모양

똑같은 모양

똑같은 모양을 가지고 있는 수학 요정에 ◯표, 다른 모양을 가지고 있는 수학 요 정에 ✕표 하시오.

똑같은 모양
이지?

다른 모양이면
✕표!

똑같은 모양을 가지고 있는 꼬마 요괴끼리 선으로 이어 보시오.

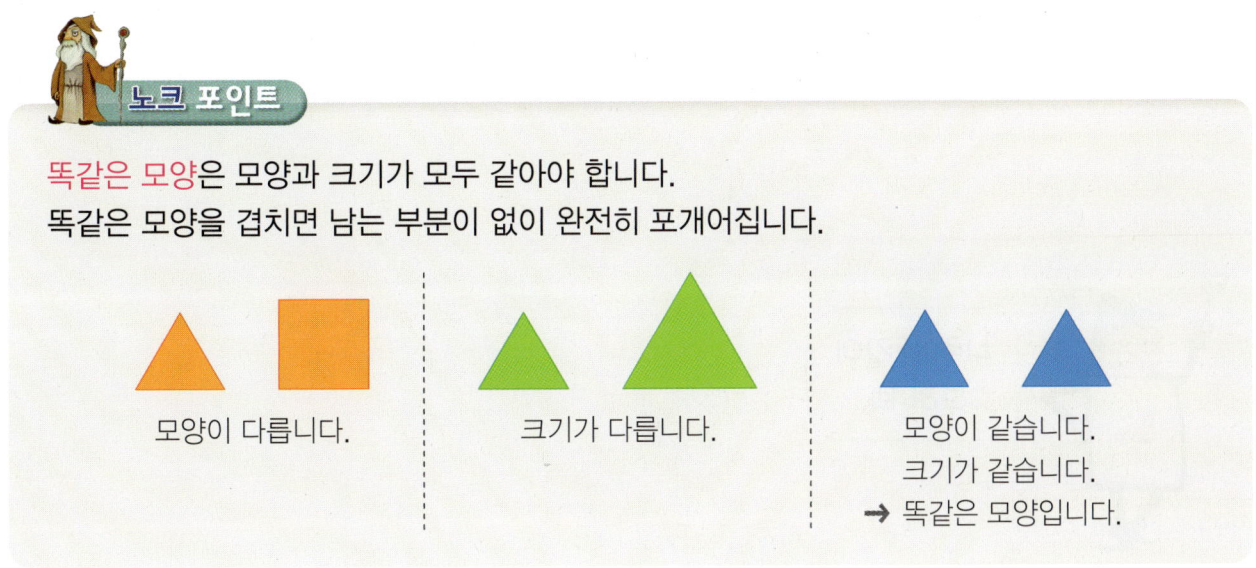

똑같은 모양은 모양과 크기가 모두 같아야 합니다.
똑같은 모양을 겹치면 남는 부분이 없이 완전히 포개어집니다.

모양이 다릅니다.

크기가 다릅니다.

모양이 같습니다.
크기가 같습니다.
→ 똑같은 모양입니다.

똑같이 그리기

수학 요정이 그린 왼쪽 그림을 오른쪽 점 종이 위에 똑같이 그려 보시오.

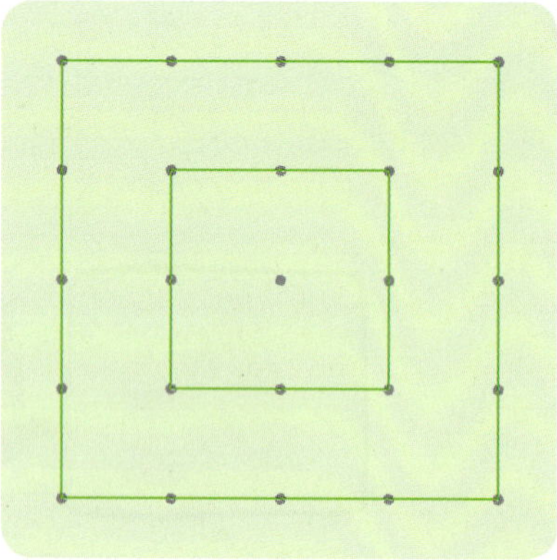

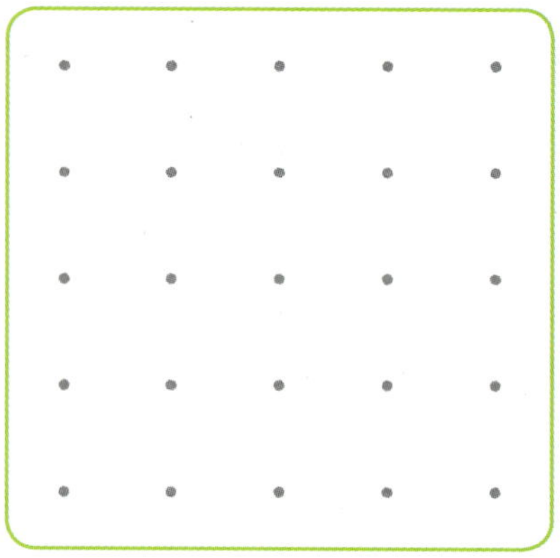

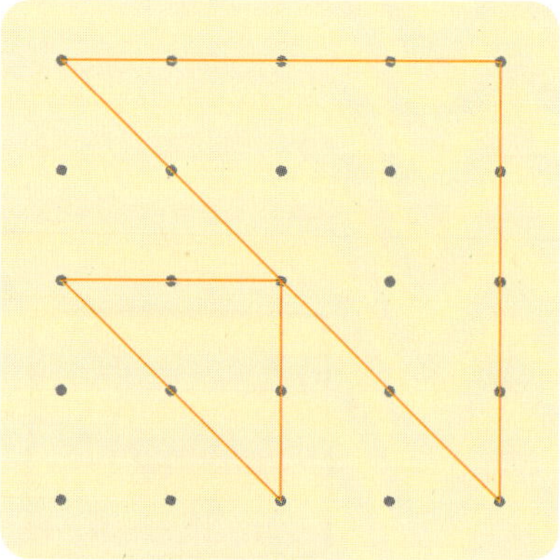

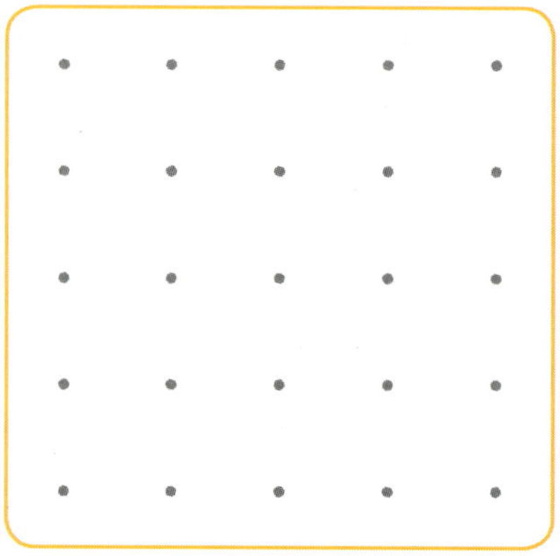

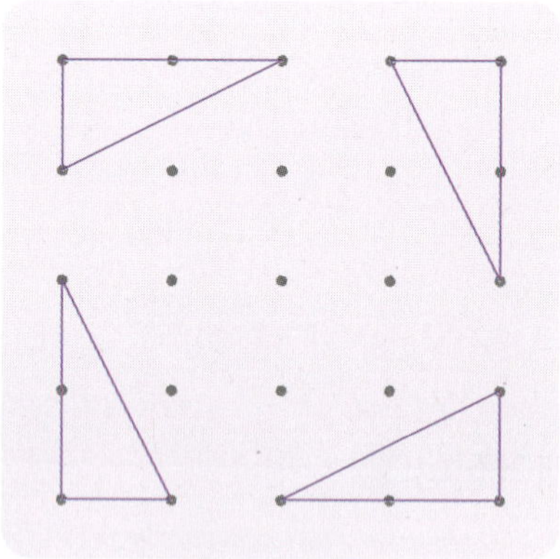

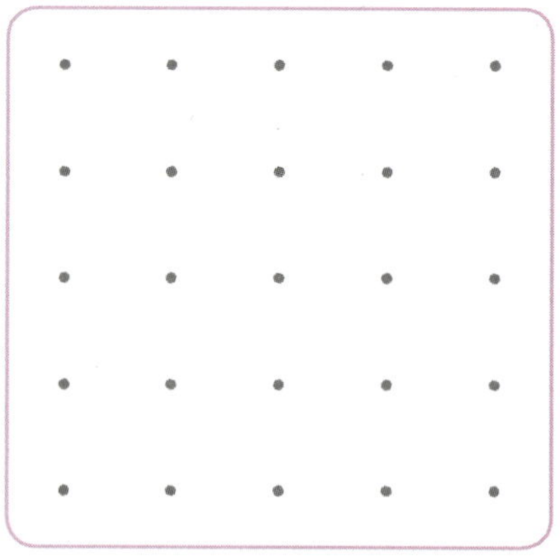

나랑 똑같이 그려 봐.

1 다음과 똑같이 그리고, 그림의 제목을 지어 보시오.

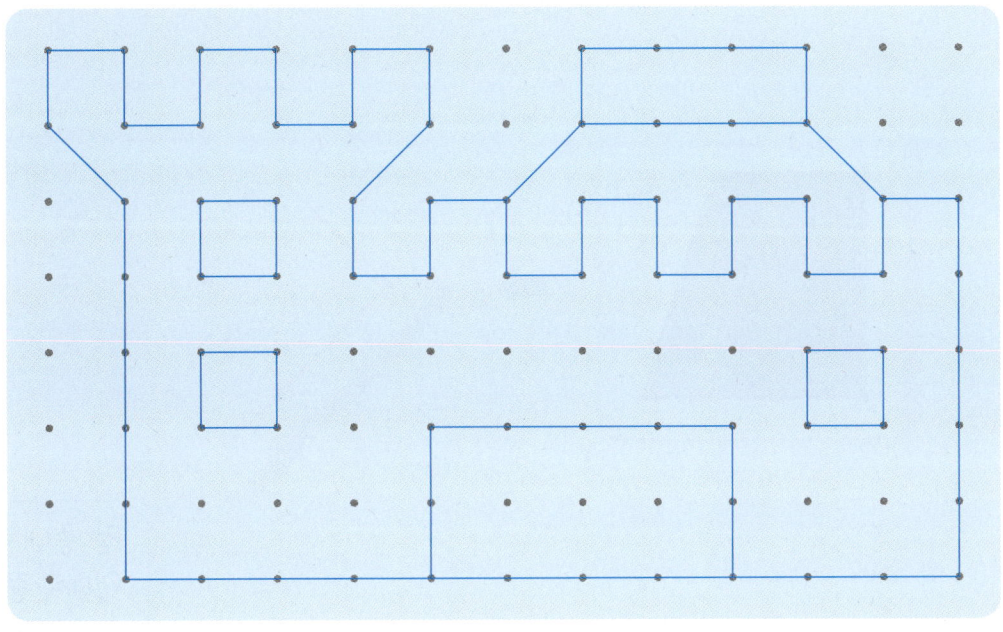

제목: _____

돌려라 돌려라

꼬마 요괴가 주어진 점 종이를 빙글빙글 돌렸습니다. 점 종이가 오른쪽과 같이 멈췄을 때, 오른쪽 점 종이 위에 알맞은 모양을 완성하여 보시오.

점 종이를 왼쪽으로 얼마만큼 돌렸는지 알 수 있겠지?

1 보기 와 같이 점 종이를 시계 방향으로 돌립니다. 같은 방법으로 점 종이를 돌렸을 때 알맞은 그림을 완성해 보시오.

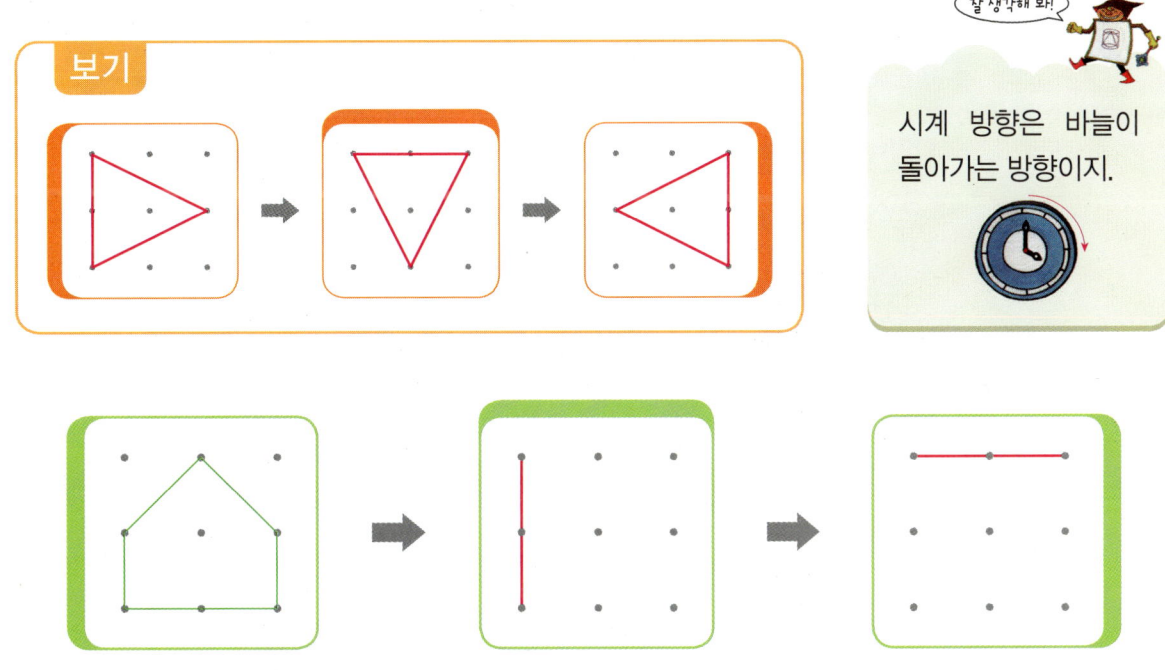

시계 방향은 바늘이 돌아가는 방향이지.

[똑같은 도형]

2 왼쪽 점 종이를 돌려서 오른쪽 모양이 되었습니다. 모양을 완성해 보시오.

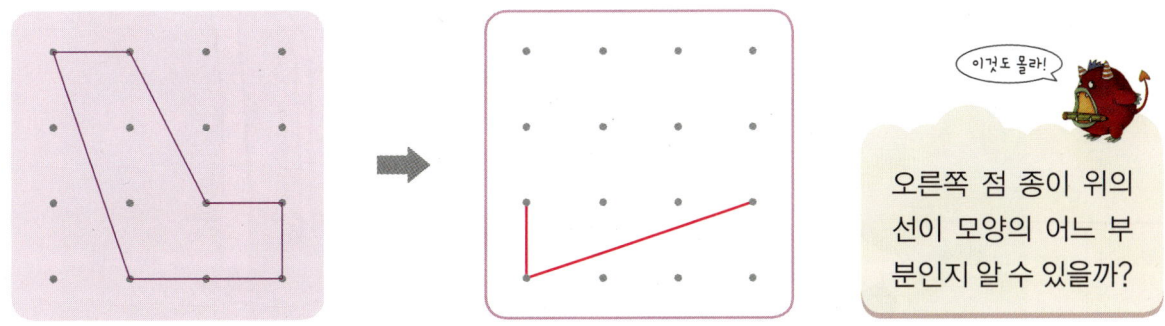

이것도 몰라!

오른쪽 점 종이 위의 선이 모양의 어느 부분인지 알 수 있을까?

2 모양 찾기

두 그림을 비교하여 다른 부분 5곳을 찾아보시오.

지오가 만든 모양과 똑같은 모양을 초이가 만들려고 합니다. 잘못 만든 부분 3곳을 모두 찾아 ✕표 하시오.

지오

초이

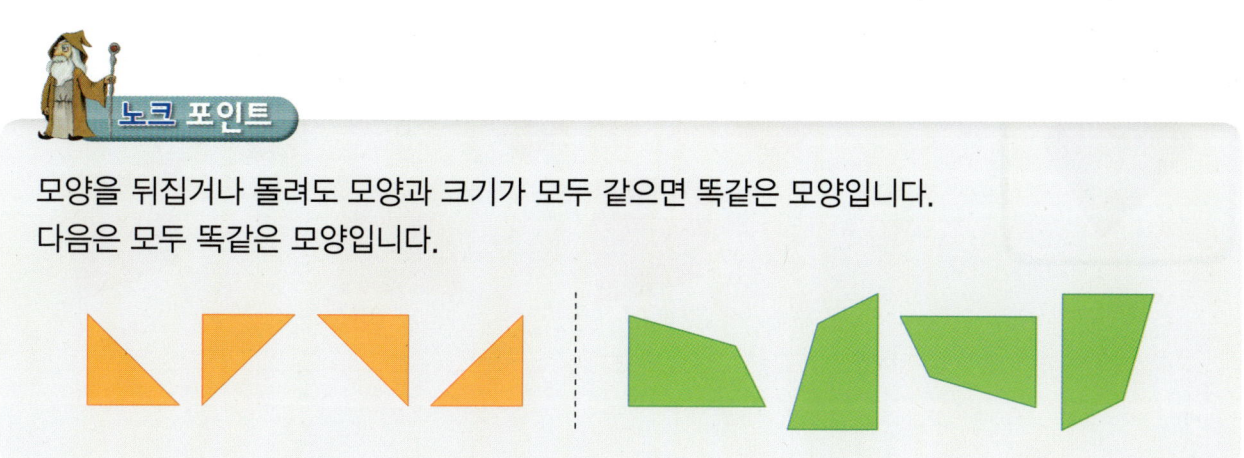

모양을 뒤집거나 돌려도 모양과 크기가 모두 같으면 똑같은 모양입니다.
다음은 모두 똑같은 모양입니다.

아인이는 모양 도장을 가지고 있습니다. 다음 중 아인이의 도장을 찍은 것이 아닌 것을 찾아 ✕표 하시오.

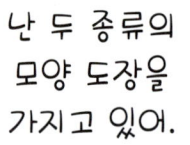  

난 두 종류의 모양 도장을 가지고 있어.

잘 생각해 봐!

도장을 찍으면 도장에 새겨진 모양과 똑같은 모양이 찍힌단다.

1 다음 중 다른 모양 하나를 찾아 ╳표 하시오.

①

②

③

이것도 몰라!

모양 하나를 뒤집거나 돌려가며 비교해 보면 쉽지.

똑같은 모양 찾기

초이가 가진 9장의 카드는 3장씩 똑같은 모양입니다. 다음 카드를 보고 똑같은 모양을 3장씩 짝을 지어 보시오.

모양을 잘 보면 찾을 수 있지.

잘 생각해 봐!

선과 ▨의 위치를 잘 봐야 해.

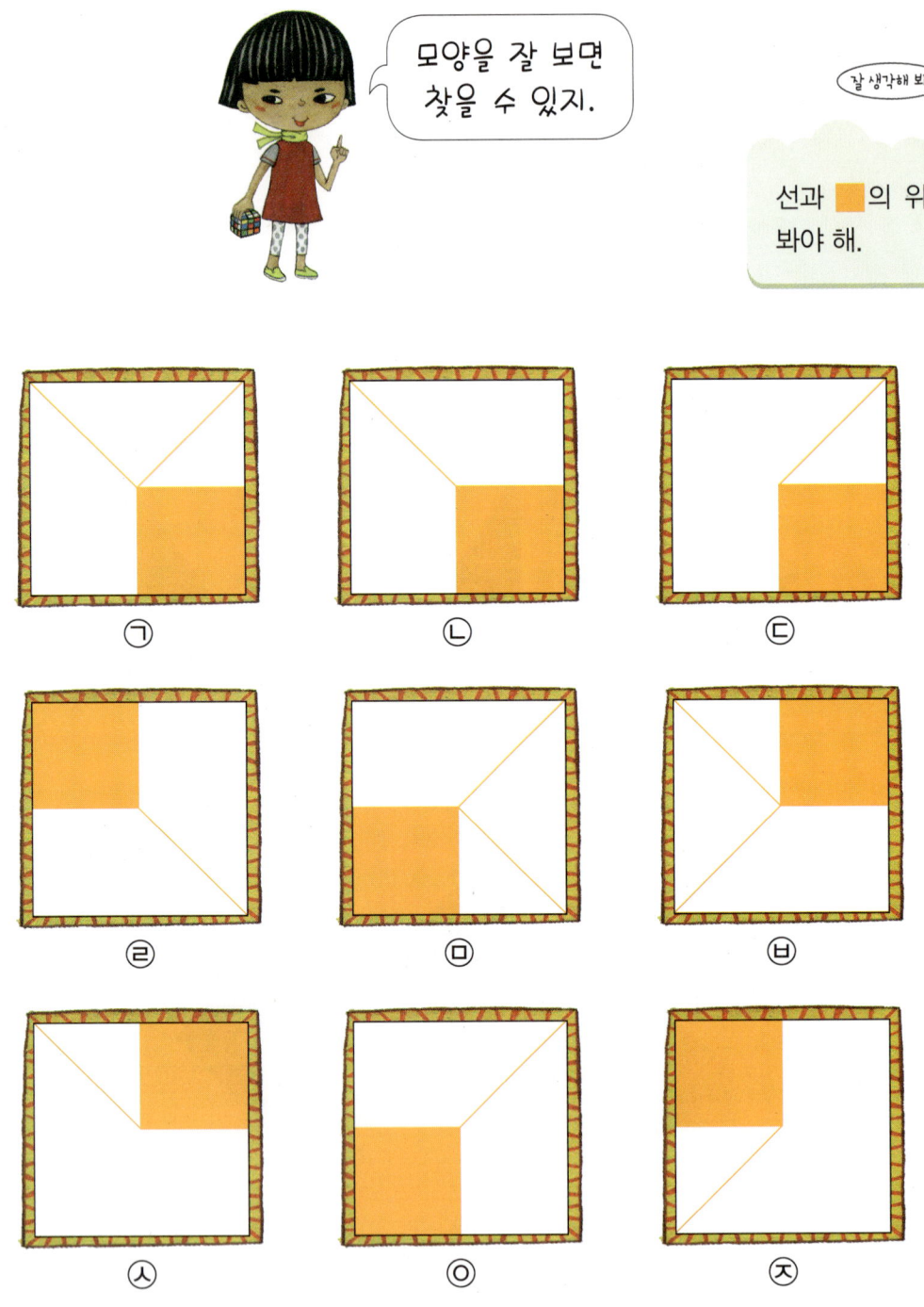

1 꼬마 요괴가 왼쪽과 똑같은 모양 하나를 오른쪽에 숨겨 놓았습니다. 요괴가 숨겨 놓은 모양을 찾아보시오.

숨기고 잘 거야.

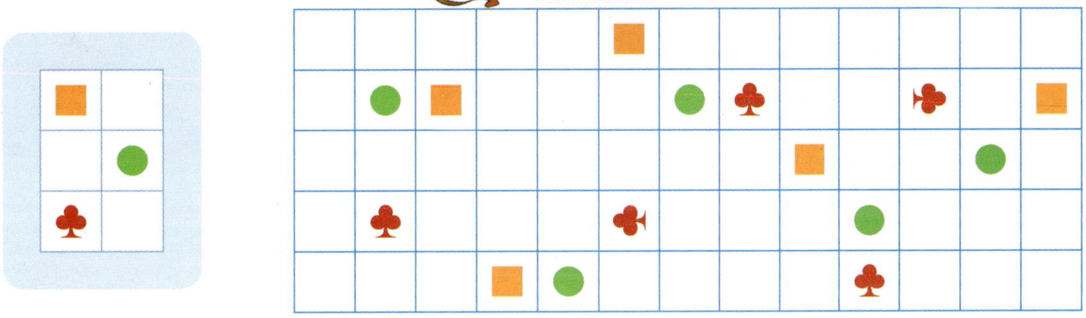

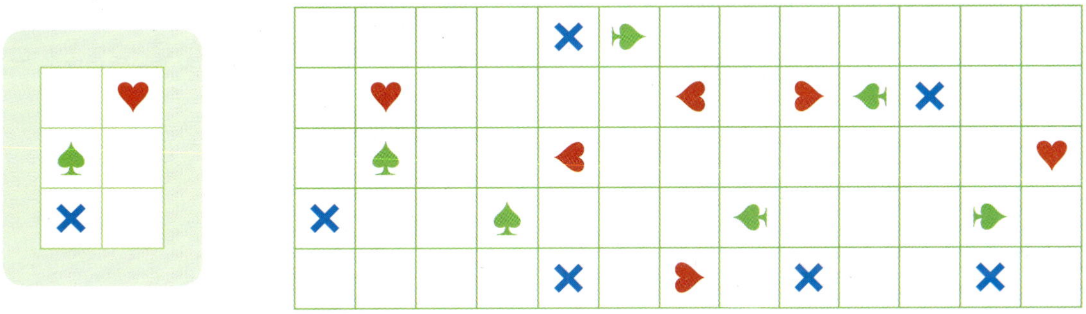

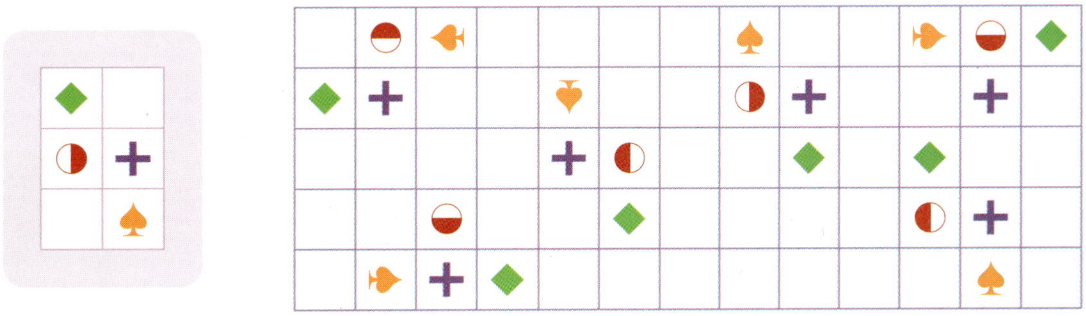

각 모양의 방향과 위치를 잘 봐야 해. 찾았니?

똑같은 모양 2개

두 꼬마 요괴가 땅을 서로 가지려고 싸우고 있습니다.

두 꼬마 요괴가 싸우지 않도록 선을 따라 울타리를 그려 땅을 똑같은 모양으로 나누어 주시오.

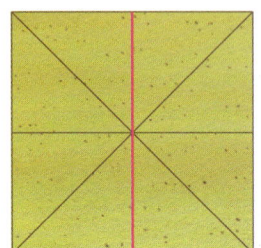 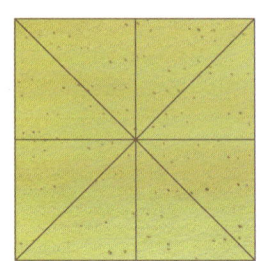 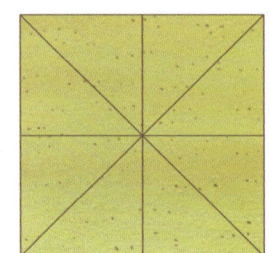 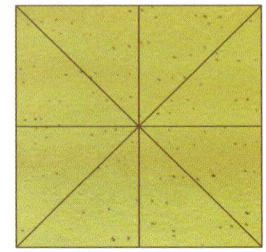

똑같은 모양의 땅을 가지도록 울타리를 그려 보시오.

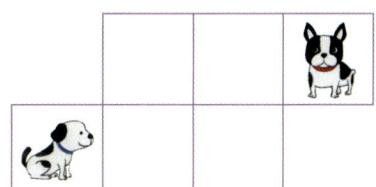   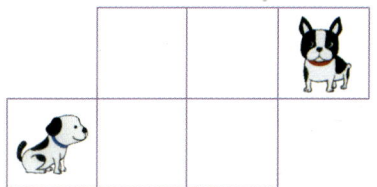

똑같은 모양 2개로 나누어 보시오.

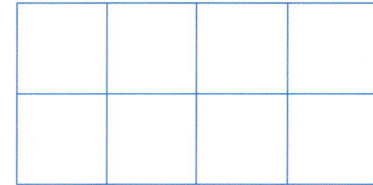

하나의 모양을 똑같은 모양 2개로 나누는 방법은 여러 가지가 있습니다.

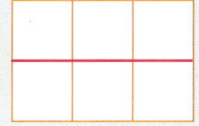 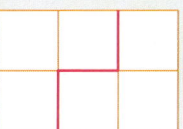 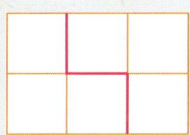

똑같이 나누기

지오는 다음과 같이 모눈 종이에 선을 그어 똑같은 모양 2개로 나누었습니다. 지오와 같이 여러 가지 방법으로 선을 그어 똑같은 모양 2개를 만들어 보시오.

똑같은 모양 2개
가 생겼어~

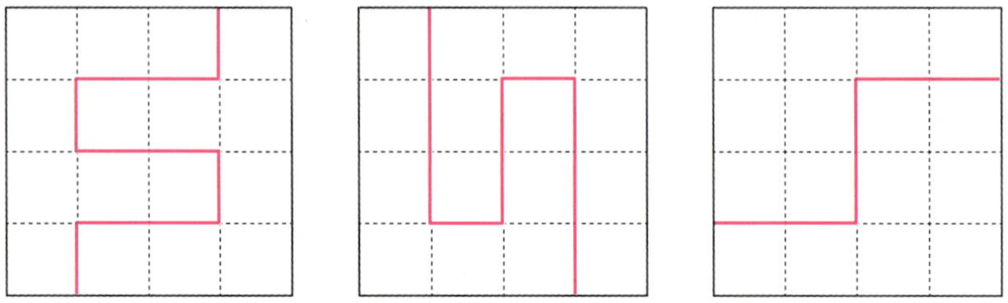

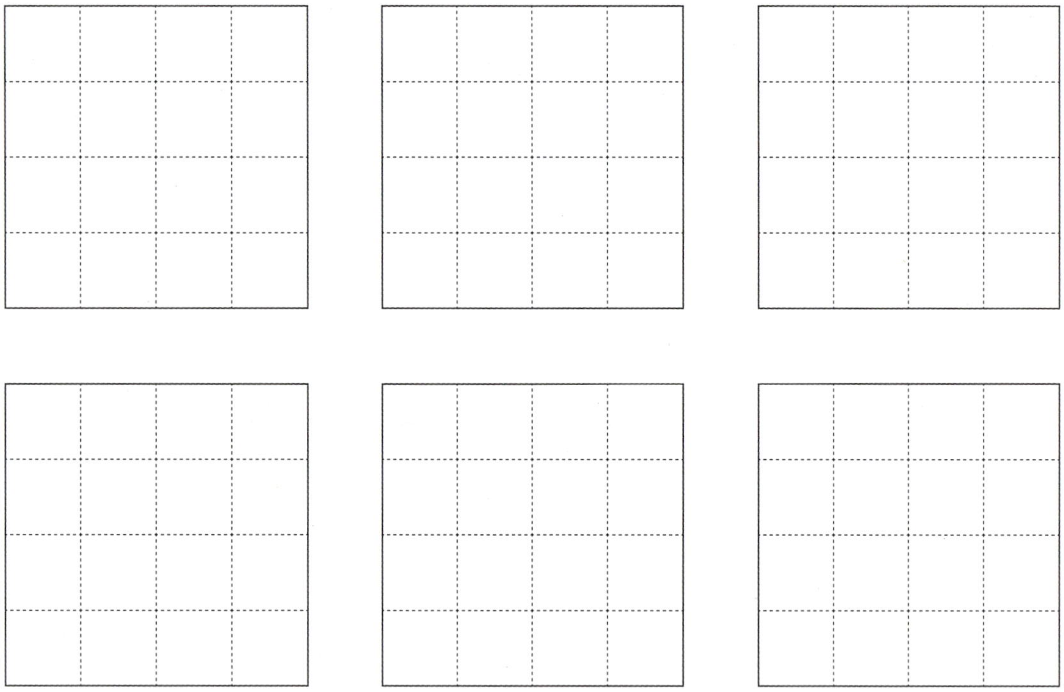

이것도 몰라!

모두 16칸이네. 8칸
씩 나누어야 겠구나.

1 똑같은 모양 2개가 되도록 여러 가지 방법으로 나누어 보시오.

[똑같은 모양]

2 똑같은 모양 2개가 되도록 여러 가지 방법으로 나누어 보시오. (단, 나눈 모양을 돌리거나 뒤집어서 같은 모양인 경우 같은 방법입니다.)

이것도 몰라!

나누어진 모양이 같으니까 다음 2가지는 같은 방법인 거야. 몰랐지?

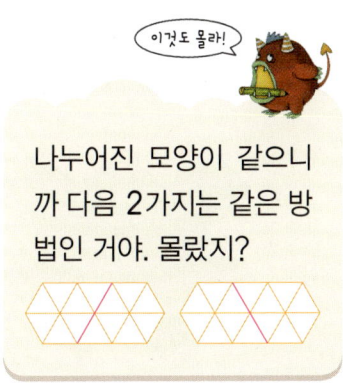

똑같은 모양으로 만들기

태경이는 다음과 같이 똑같은 모양 조각 2개를 가지고 있습니다. 이 모양 조각 2개를
사용하여 태경이가 만들 수 있는 모양이 아닌 것을 모두 찾아 ✕표 하시오.

이 두 조각을
사용한 거야.

똑같은 모양 2개로 나누
어 보면 사용한 모양 조
각을 알 수 있겠구나.

[모양 조각]

1 똑같은 모양 조각 2개를 사용하여 다음 모양을 만들
었습니다. 사용한 모양 조각을 고르시오.

① 　②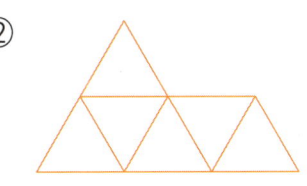

③ 　④ 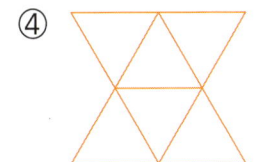　⑤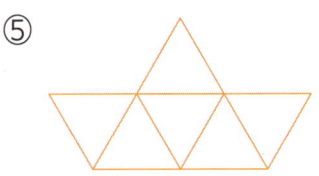

[모양 조각 3개]

2 주어진 모양 조각 3개를 모두 사용하여 만든 모양입니다. 다음 모양에 만든 방
법을 나타내어 보시오.

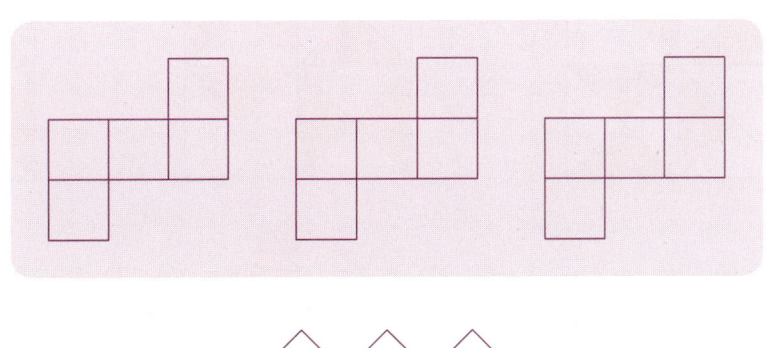

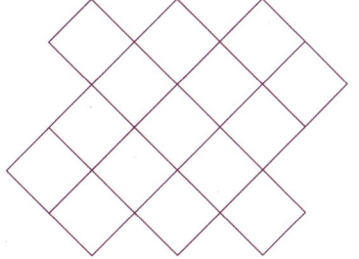

1 왼쪽 모양과 똑같은 모양을 오른쪽 점 종이 위에 그려 보시오.

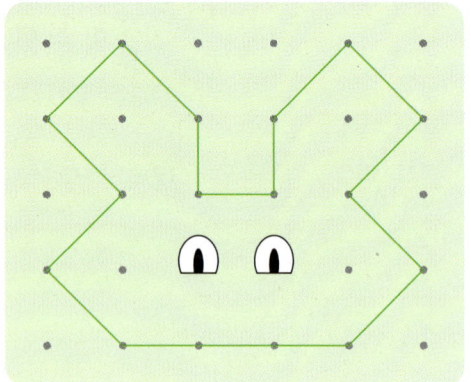
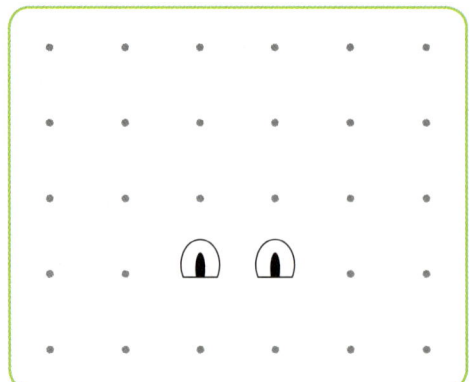

2 주어진 모양과 같은 모양이 아닌 것을 찾아 ✕표 하시오.

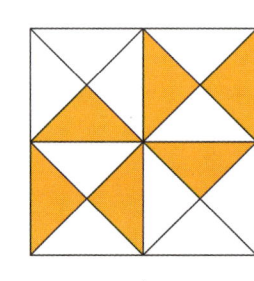
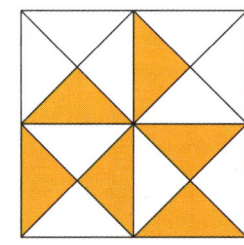
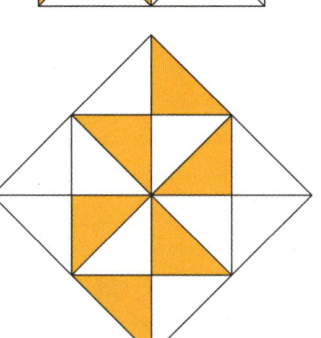
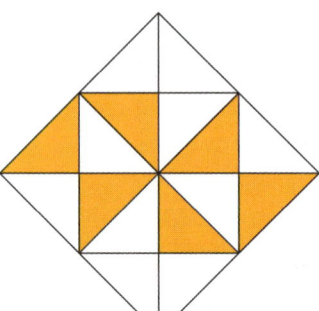

3 보기 와 같이 크기와 모양이 모두 같은 두 부분으로 나누어 보시오. (단, 나눈 모양을 돌리거나 뒤집어서 같은 모양인 경우 같은 방법입니다.)

보기

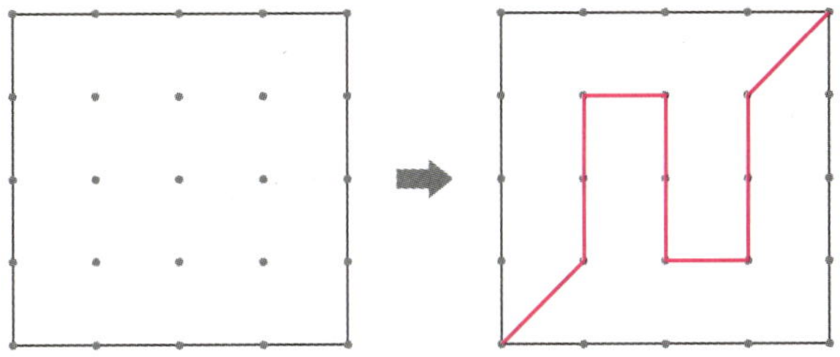

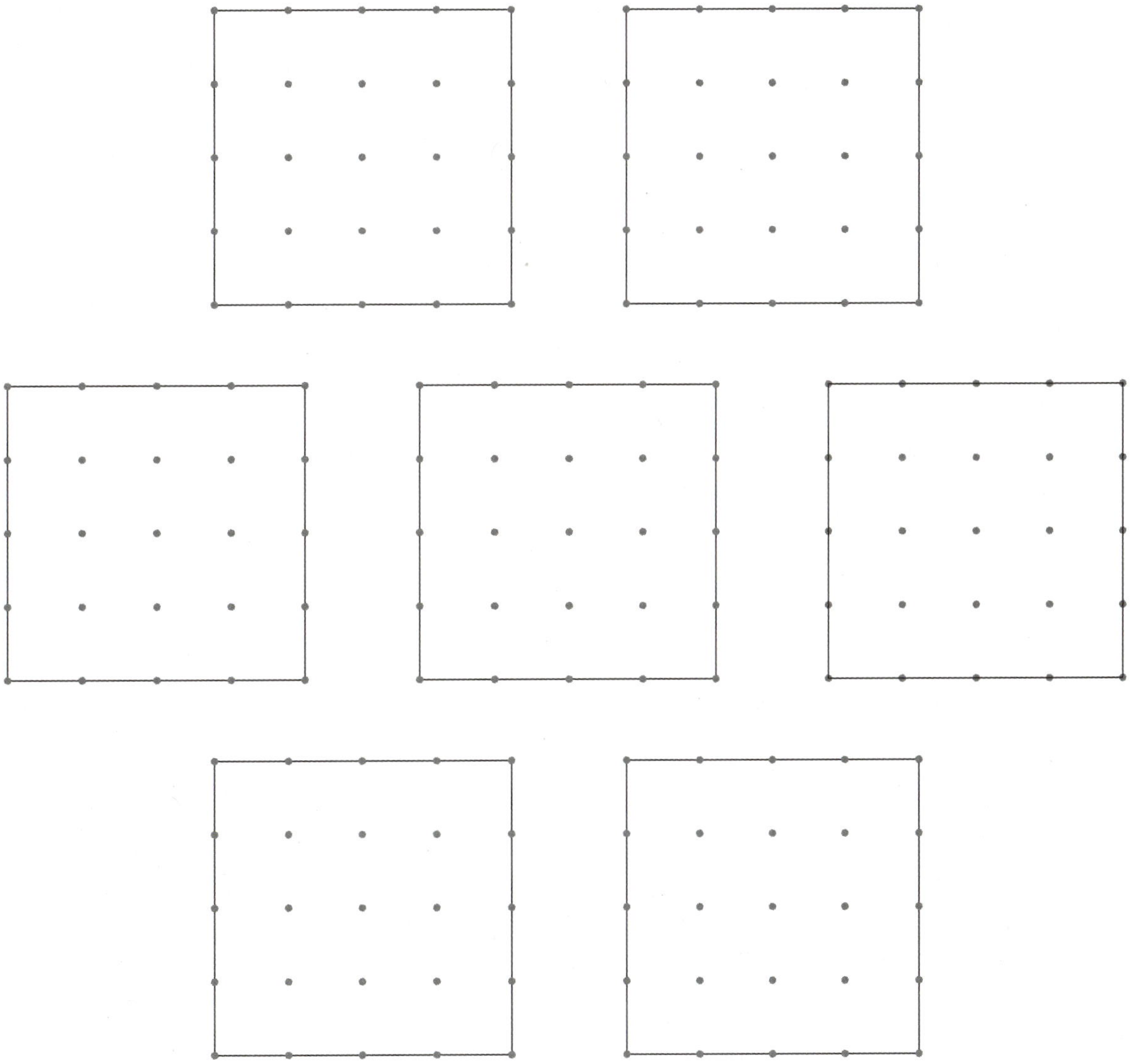

Chapter 2

같은 모양

4 대칭

지오는 종이 위에 물감을 바른 다음 종이를 반으로 접었다가 펼쳤더니 다음과 같은 그림이 되었습니다.

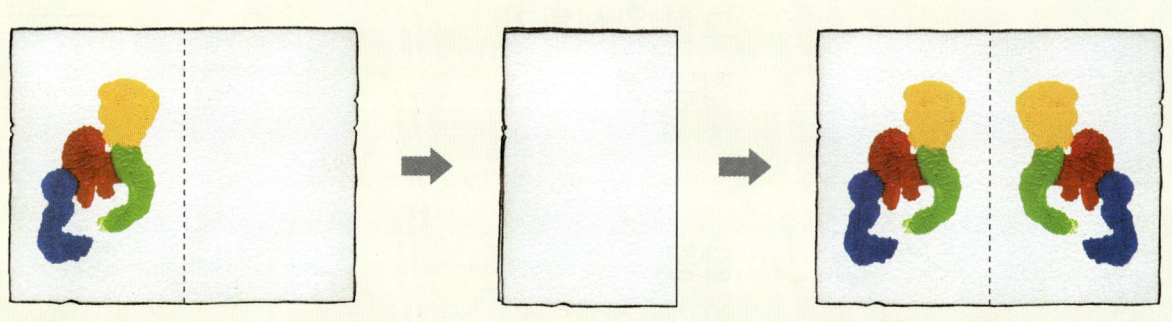

종이에 물감을 바른 다음 종이를 반으로 접었다가 펼치면 보기 와 같은 그림이 됩니다. 펼친 종이 위에 나타나는 그림을 그려 보시오.

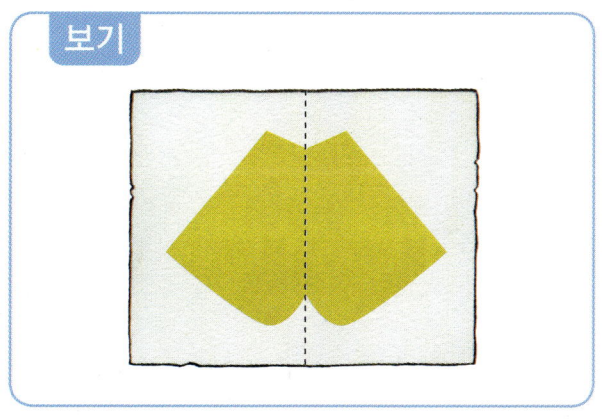

보기

노크 포인트

똑같은 모양이 마주 보며 짝을 이루는 것을 **대칭**이라고 합니다. 종이의 왼쪽에 물감으로 그림을 그리고, 반으로 접었다가 펼치면 접은 선의 오른쪽에 대칭인 모양이 나타납니다.

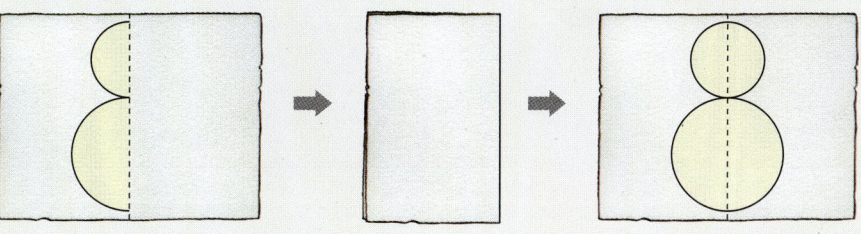

그림 완성하기

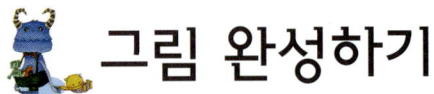

모눈 종이 위의 모양을 똑같이 2부분으로 잘랐습니다. 자른 왼쪽 부분의 모양이 다음과 같을 때 자르기 전의 모양을 그려 보시오.

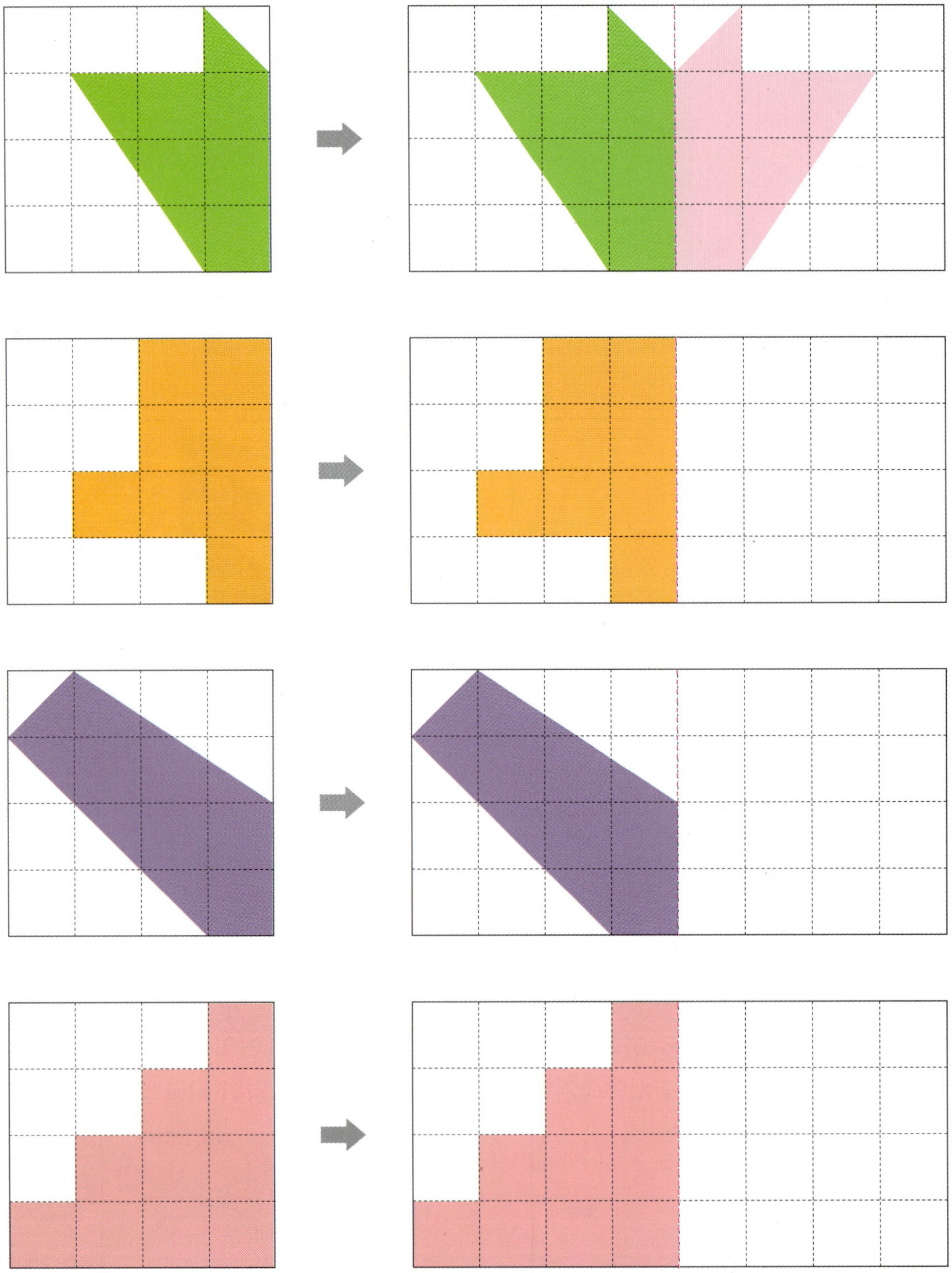

1 얼굴 스티커의 반쪽을 보고 나머지 부분을 완성하시오. (단, 얼굴 스티커의 왼쪽
부분과 오른쪽 부분은 대칭입니다.)

[데칼코마니]

2 물감으로 다음과 같이 그린 그림을 ①번 선을 따라 접었다 펼친 다음, 다시 ②번
선을 따라 접었다 펼쳤습니다. 종이에 나타난 그림을 그려 보시오.

멋지지~

잘 생각해 봐!

이렇게 접으면 물감이 반대쪽에도 똑같
이 묻는단다.

 접는 선

같은 모양을 점선을 따라 다른 방법으로 접은 것입니다.

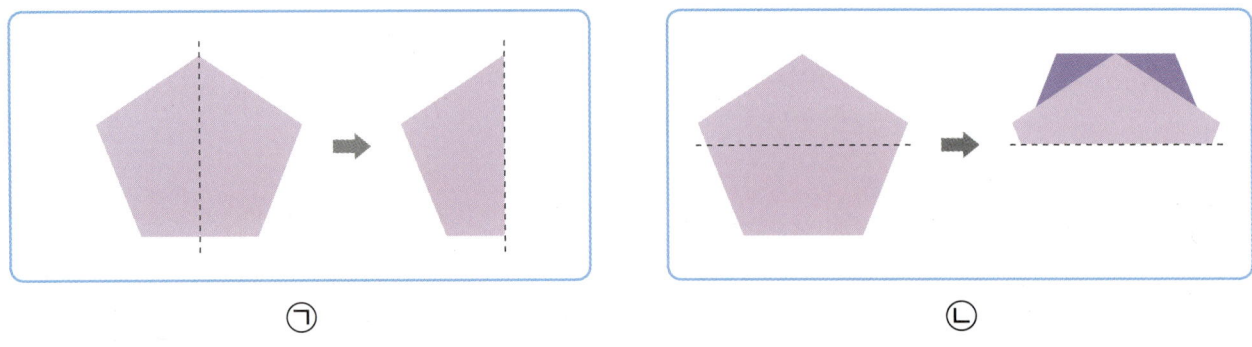

ㄱ   ㄴ

다음 중 점선을 따라 접었을 때 ㄱ과 같이 완전히 겹쳐지는 것을 모두 찾아 ○표 하시오.

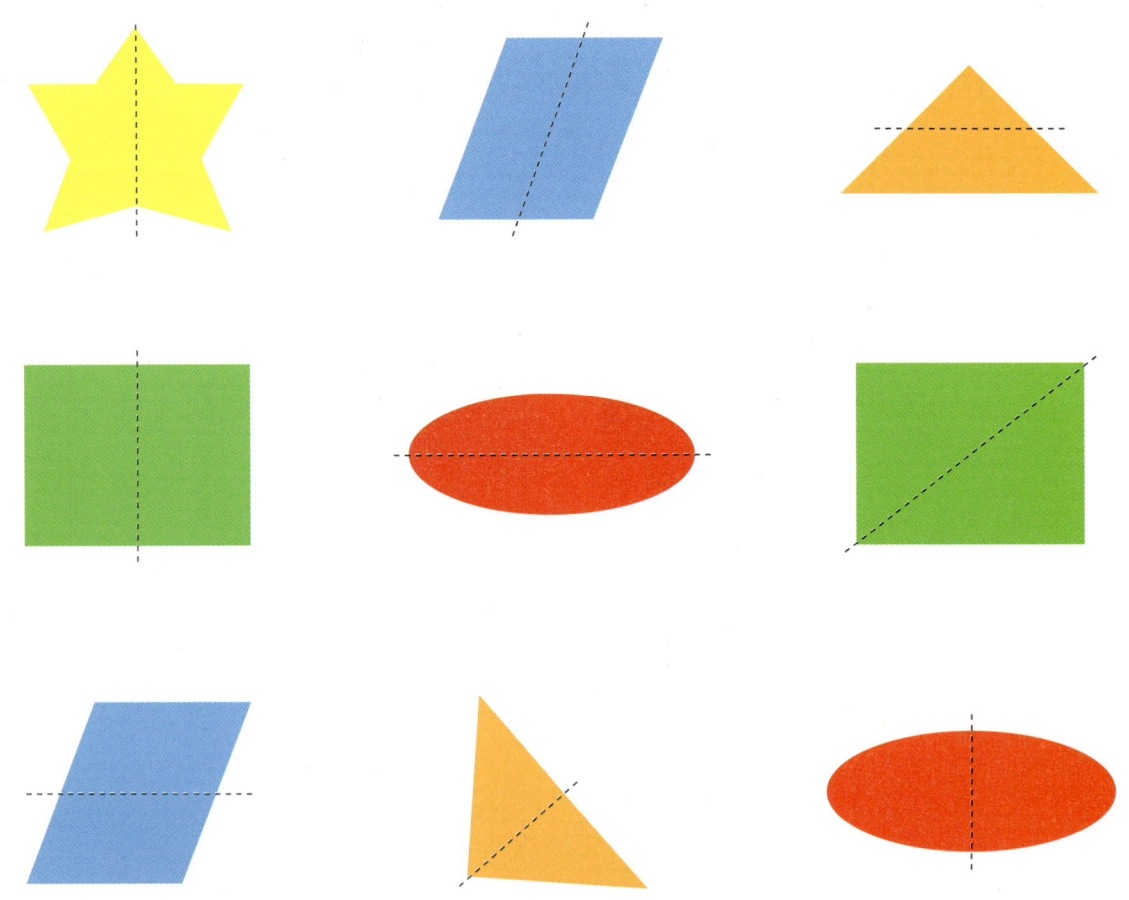

[접는 선]

1 다음 모양이 완전히 겹쳐지도록 접을 수 있는 선을 그어 보시오.

[모두 긋기]

2 ⬡ 모양을 사용하여 여러 가지 모양을 만들었습니다. 다음 모양이 완전히 겹쳐지도록 접을 수 있는 선을 모두 그어 보시오.

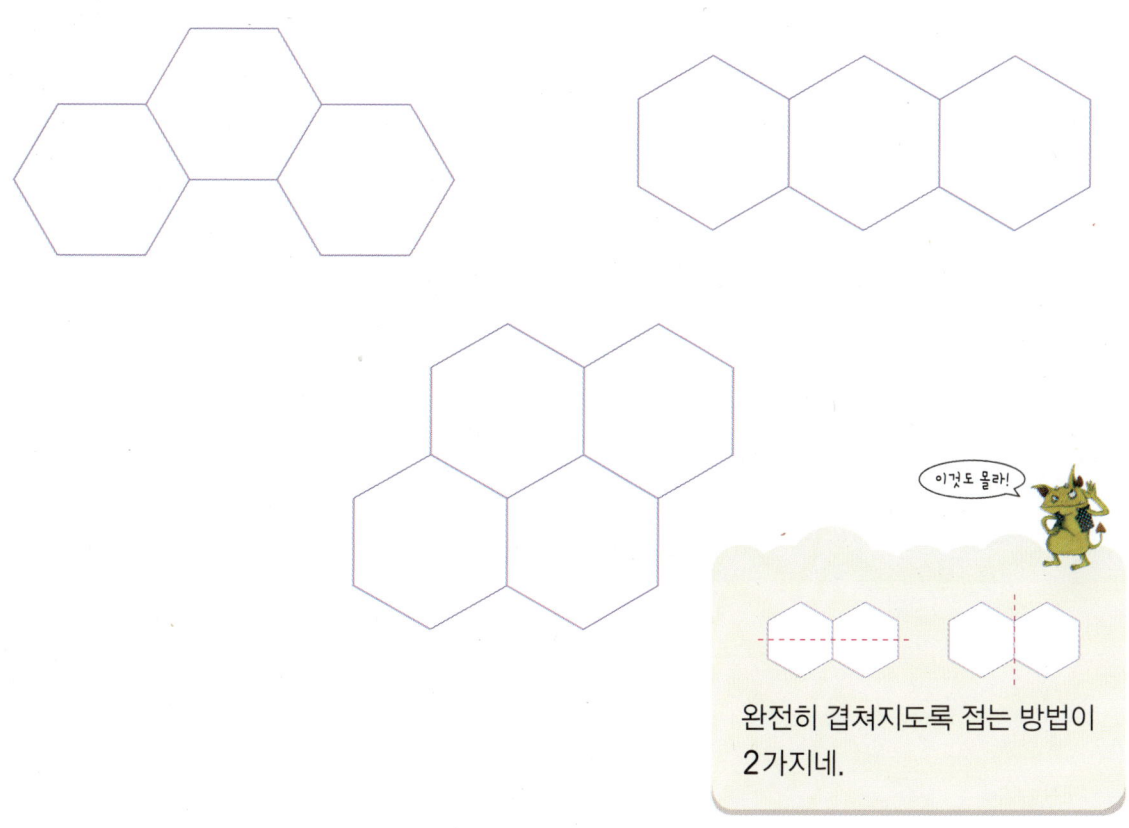

이것도 몰라!

완전히 겹쳐지도록 접는 방법이 2가지네.

5 닮음

다음 그림에서 모양은 같고 크기는 다른 것을 모두 찾아 ○표 하시오.

다음 모양을 4개 사용하여 닮은 모양을 만들어 보시오.

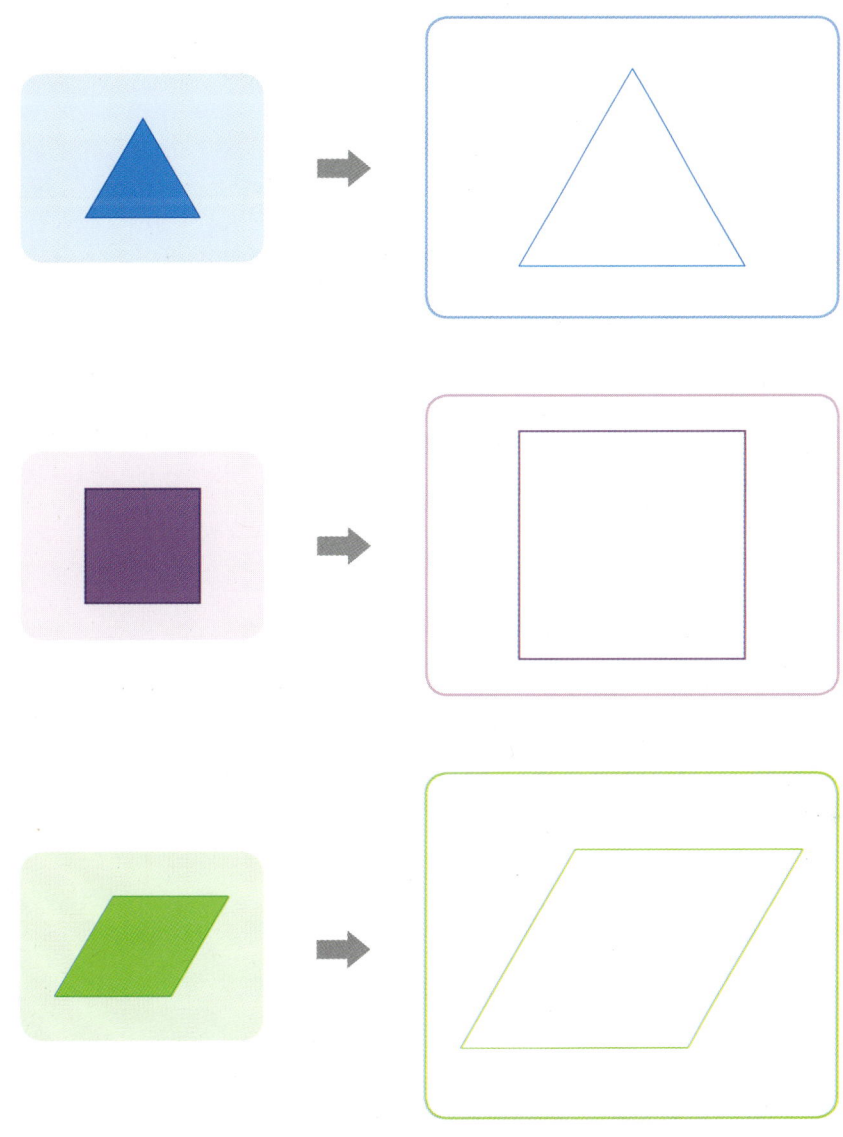

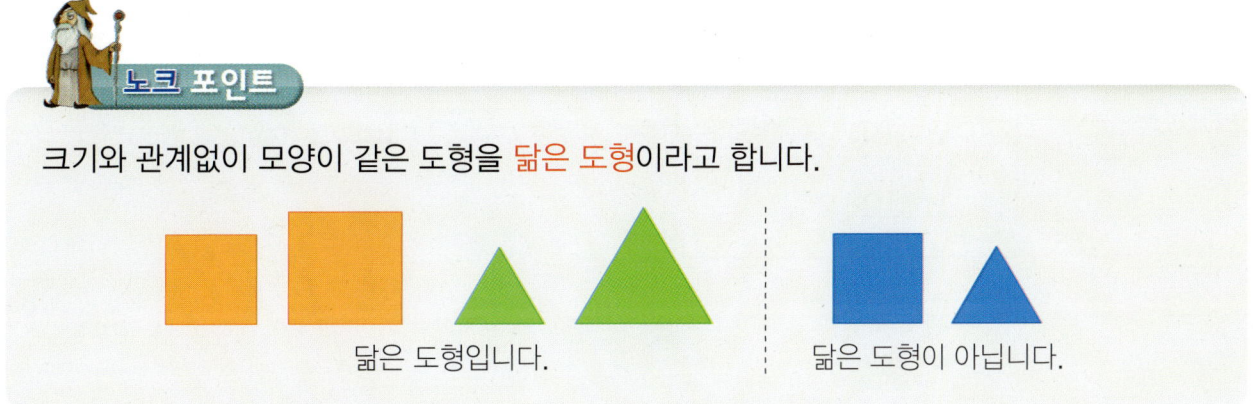

크기와 관계없이 모양이 같은 도형을 닮은 도형이라고 합니다.

닮은 도형입니다.　　　닮은 도형이 아닙니다.

닮은 모양

아인이는 주어진 모양의 길이를 반으로 줄여서 그려 보았습니다. 아인이와 같이 길이를 반으로 줄인 모양을 완성하여 보시오.

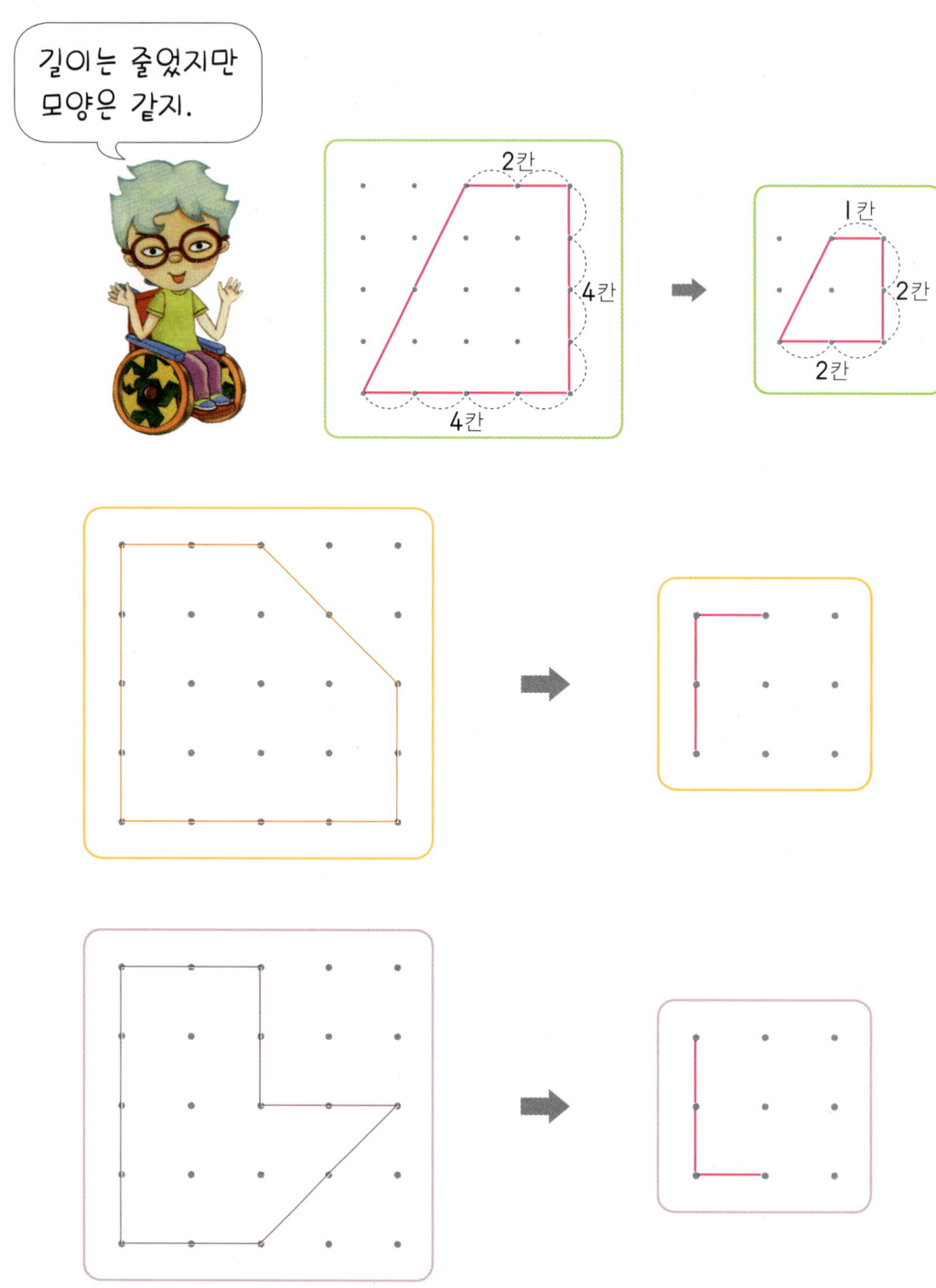

1 주어진 모양의 길이를 반으로 줄인 모양과 2배로 늘린 모양을 각각 그려 보시오.

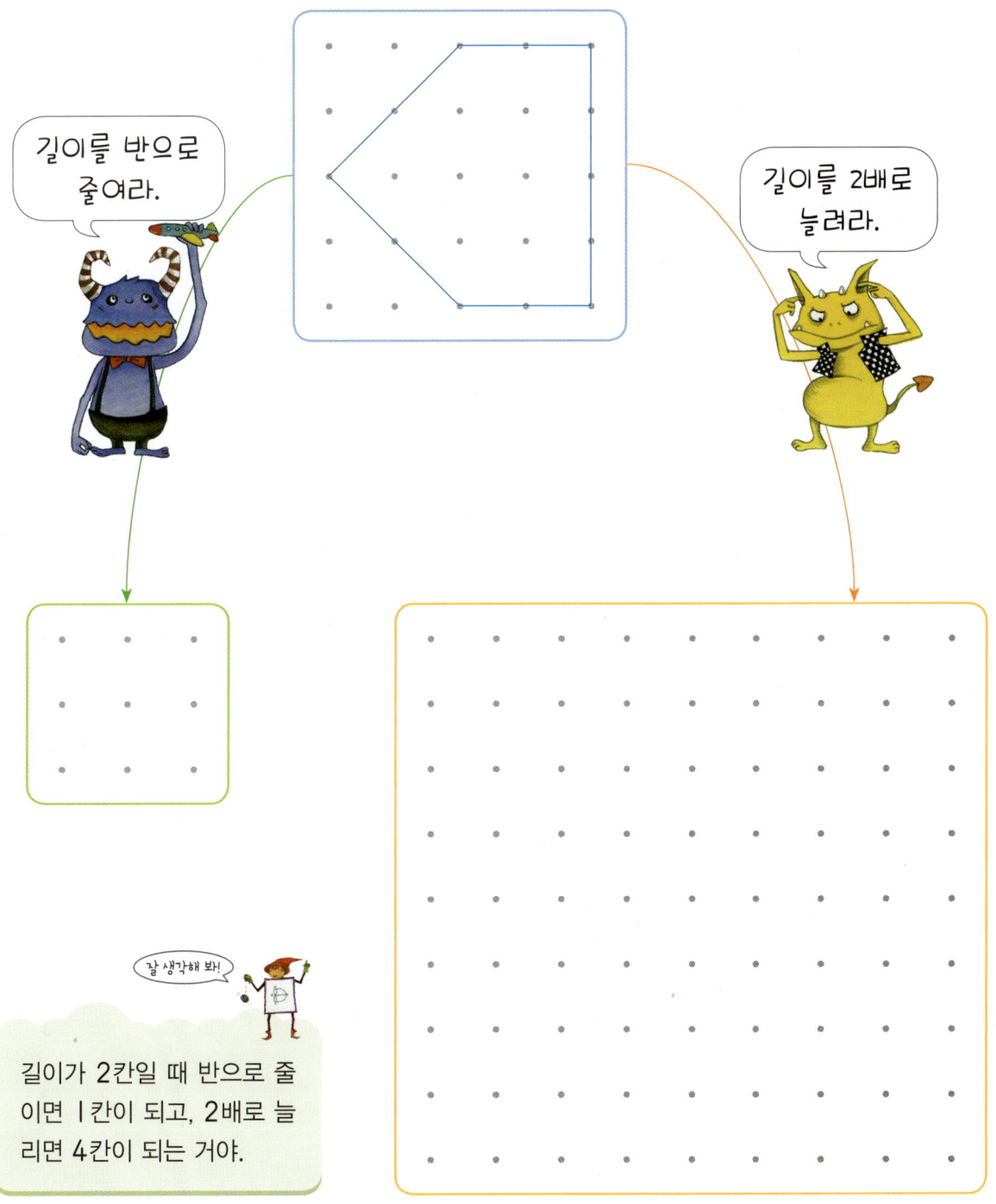

길이를 반으로 줄여라.

길이를 2배로 늘려라.

잘 생각해 봐!

길이가 2칸일 때 반으로 줄이면 1칸이 되고, 2배로 늘리면 4칸이 되는 거야.

대마법사 멀린이 주문을 외치면 모양의 길이가 2배로 늘어납니다.

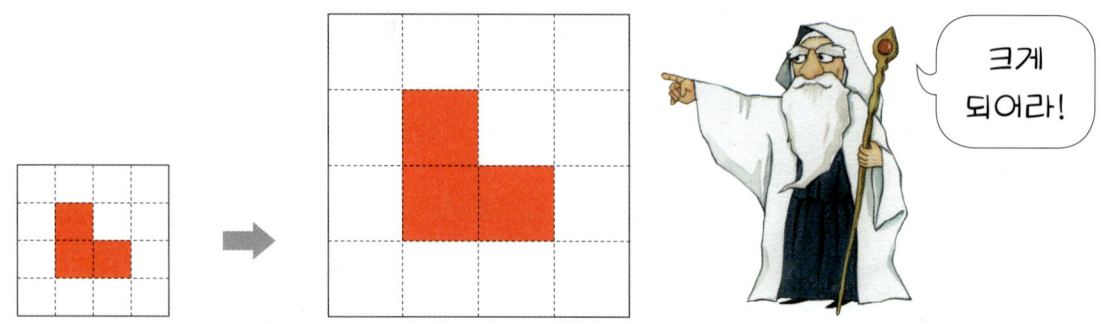

멀린의 주문에 따라 모양을 그려 보시오.

[작게, 더 작게]

1 길이를 반씩 줄여서 닮은 그림을 그려 보시오.

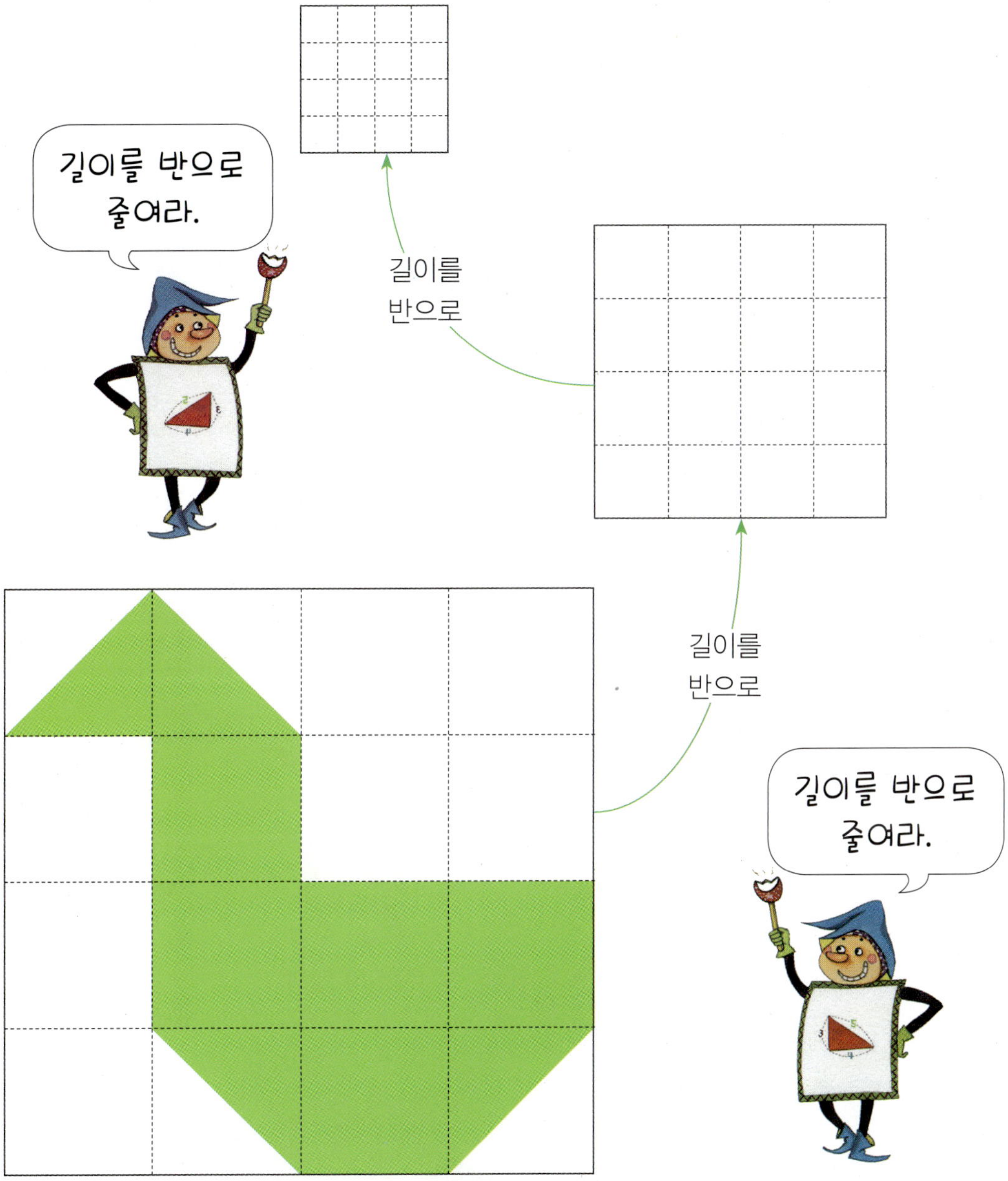

길이를 반으로 줄여라.

길이를
반으로

길이를
반으로

길이를 반으로 줄여라.

잘 생각해 봐!

모눈 한 칸의 그림을 그대로 옮겨와야 하는 거야.

거울에 비친 모양

아인이와 딴소리 요괴, 지오가 거울에 모습을 비추어 보고 있습니다. 거울에 비친 모습이 잘못된 거울을 찾고, 그렇게 생각한 이유를 이야기해 봅시다.

거울에 비친 모습이 나랑은 달라 보이는군.

아인

오른쪽 귀가 잘 안들려.

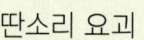

딴소리 요괴

지오

다음과 같이 거울을 놓았을 때, 거울에 비친 모습을 찾아 선으로 이어 보시오.

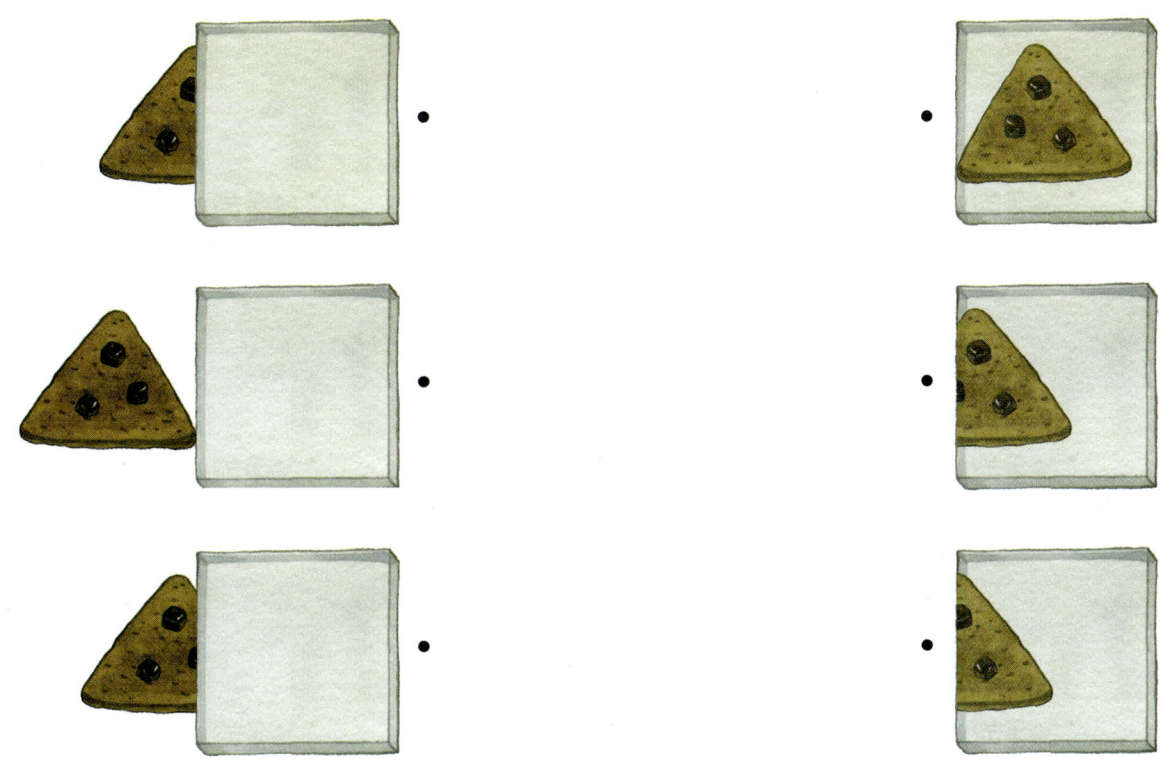

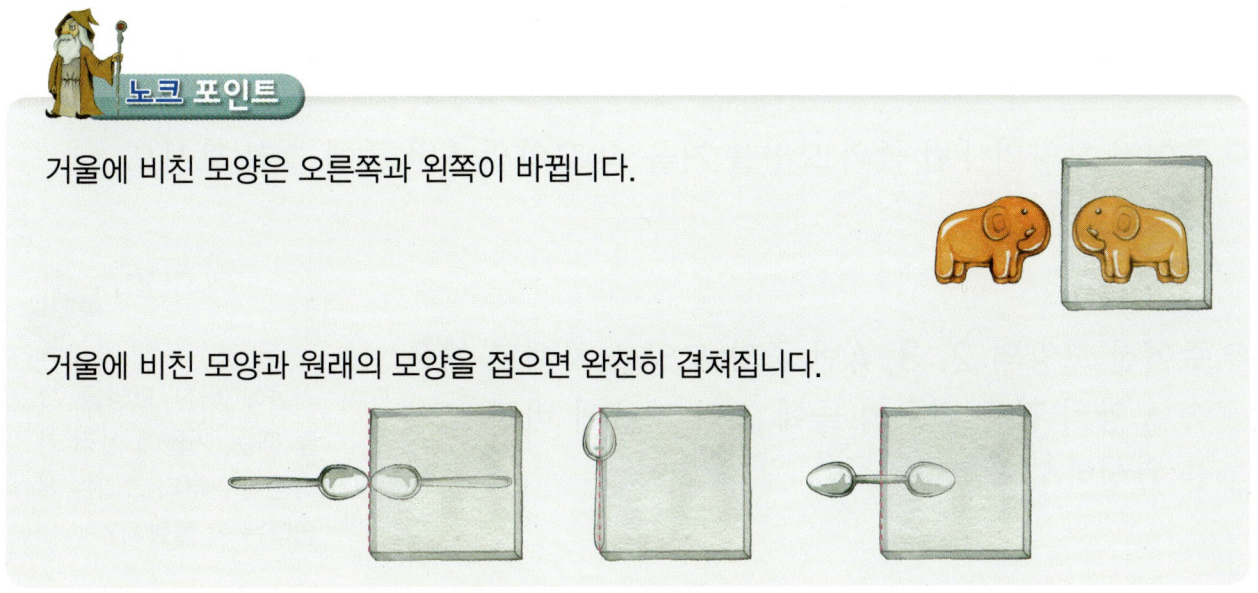

거울에 비친 모양은 오른쪽과 왼쪽이 바뀝니다.

거울에 비친 모양과 원래의 모양을 접으면 완전히 겹쳐집니다.

거울에 비친 모양

다음 모양이 거울에 비친 모양을 그려 봅시다.

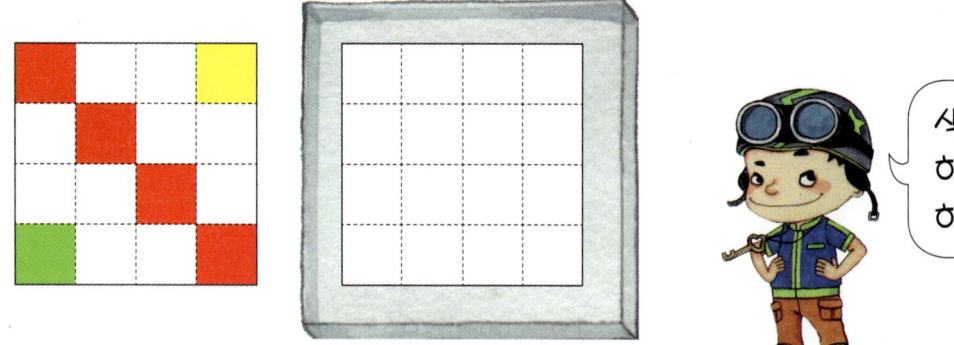

색연필을 준비해서 예쁘게 칠해야지.

❶ 주어진 모양의 아래에 점선에서 가장 가까운 줄부터 1, 2, 3, 4를 쓰시오.

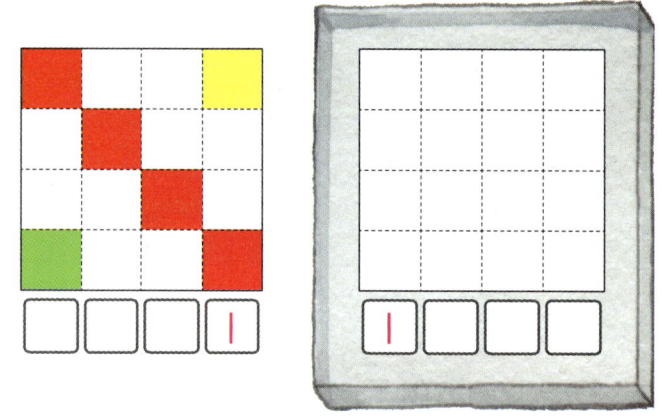

❷ 주어진 모양의 1번 줄의 모양을 거울 속 모양의 1번 줄에 그려 보시오.

❸ 주어진 모양의 2, 3, 4번 줄의 모양을 차례로 거울 속 모양의 같은 번호의 줄에 그려 거울에 비친 모양을 완성하시오.

이것도 몰라!

거울에 비친 모양을 그릴 때는, 거울에 가장 가까운 부분부터 그리는 게 쉽다는 거 몰랐지?

1 거울에 비친 모양을 그려 보시오.

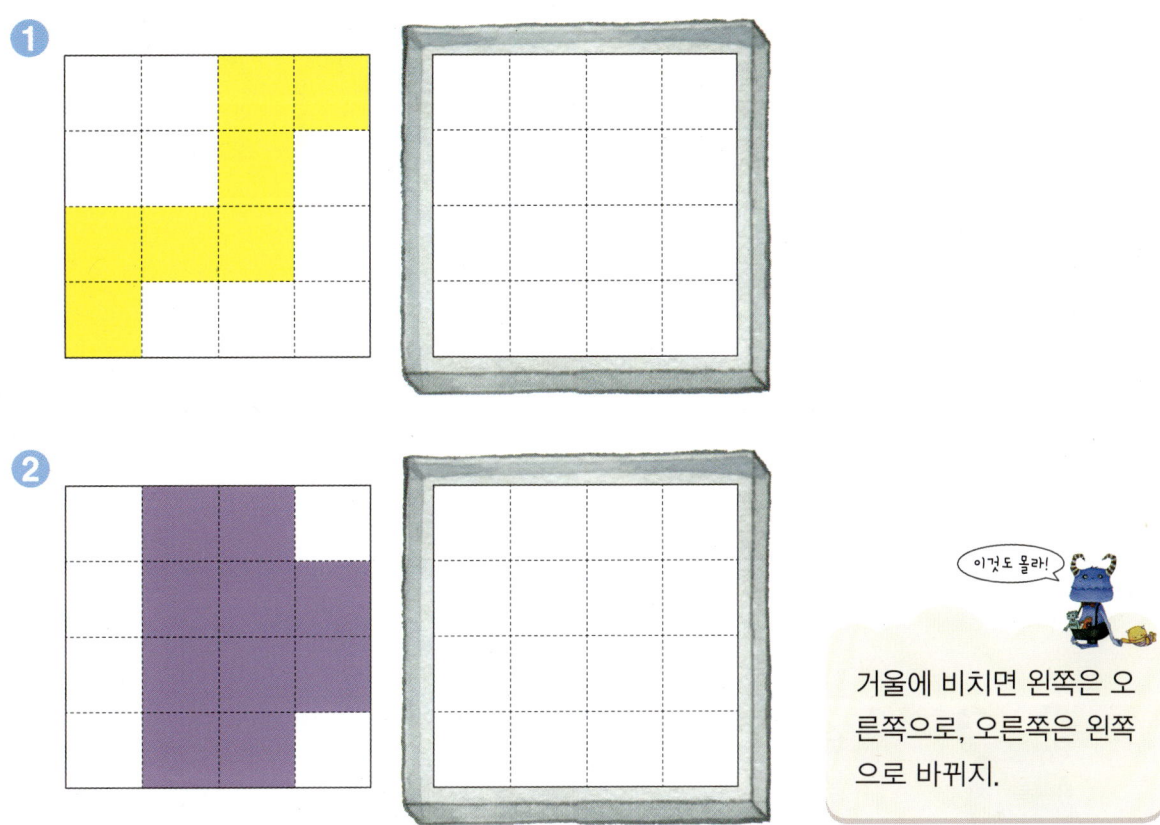

거울에 비치면 왼쪽은 오른쪽으로, 오른쪽은 왼쪽으로 바뀌지.

[거울 밖 그리기]

2 거울에 비친 모양이 다음과 같을 때, 처음 모양을 그려 보시오.

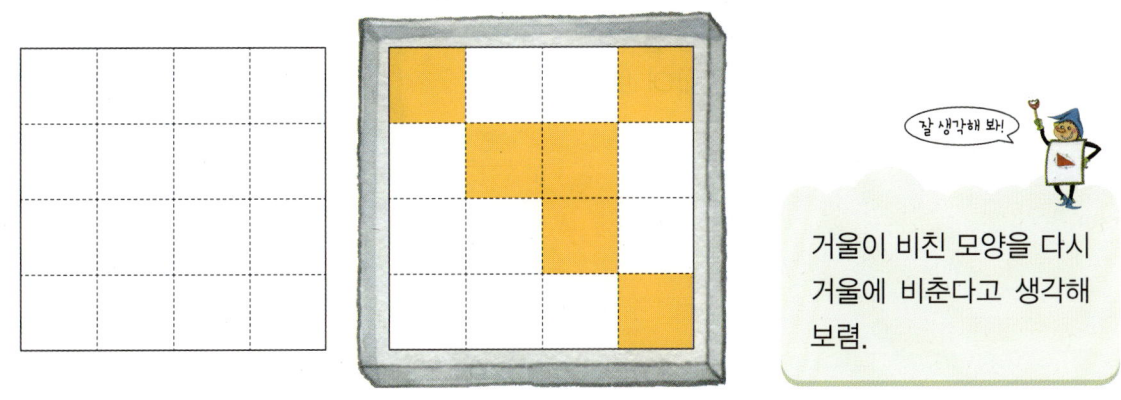

거울이 비친 모양을 다시 거울에 비춘다고 생각해 보렴.

거울에 비친 숫자, 글자

디지털 숫자를 보고 요괴들이 내는 문제를 해결해 보시오.

$$0123456789$$

①  숫자 오른쪽에 거울을 비추었을 때 같은 숫자가 되는 것을 모두 찾아봐.

르를 거울에 비추었더니 5가 되네.
르 5

②  숫자 오른쪽에 거울을 비추었을 때 다른 숫자가 되는 것을 모두 찾아봐.

③  디지털 시계가 거울에 비친 모습을 보고 지금 시각을 읽어 봐.

[도장]

1 다음 도장을 찍었을 때 나오는 모양을 그려 보시오.

도장을 찍은 모양과 거울에 비친 모양이 같다는 사실을 알고 있니?

[생신 축하 편지]

2 다음은 태돌이가 할머니께 쓴 편지를 거울에 비춘 것입니다. 할머니의 연세는 몇 세입니까?

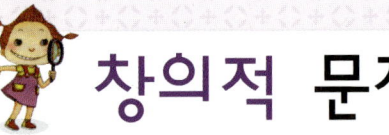

창의적 문제해결력

1 다음과 같이 종이에 물감을 바르고 ①번 선을 따라 접었다 펼친 다음, 다시 ②번 선을 따라 접었다 펼쳤습니다. 종이에 나타난 그림을 그려 보시오.

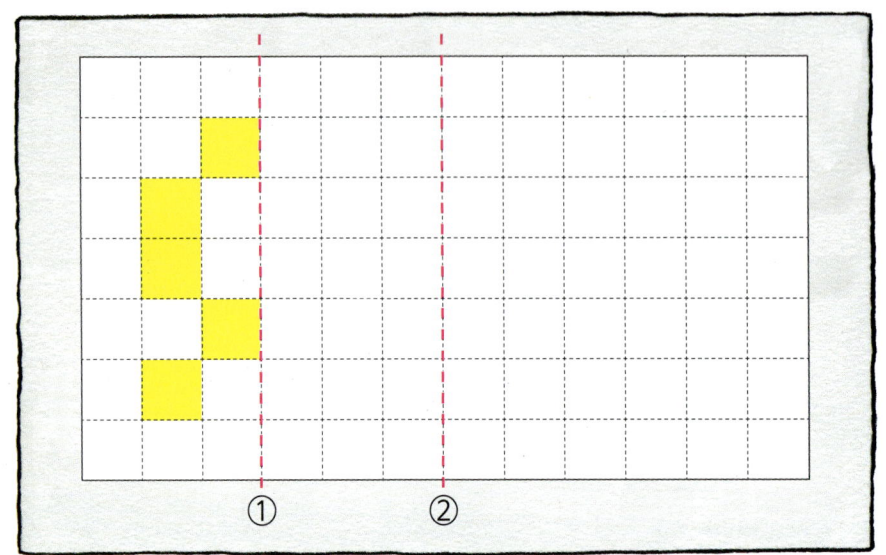

2 다음 점선 위에 거울을 놓고 화살표 방향에서 보았을 때, 거울에 비치는 모양을 고르시오.

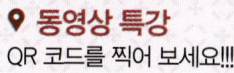

3 마법 세계에 있는 신기한 거울은 거울에 비친 모양의 길이를 반으로 줄여서 보여 준다고 합니다. 거울에 알맞은 모양을 그려 보시오.

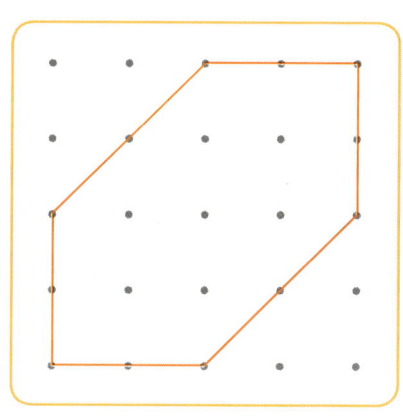
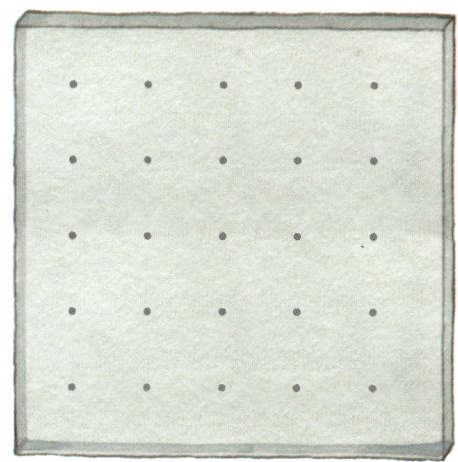

4 다음은 디지털 숫자로 만든 덧셈식과 뺄셈식을 거울에 비춘 것입니다. 계산 결과를 구하시오.

❶

❷

Chapter 3

퍼즐과 도형1

7 패턴블록 모양 만들기

수학 요정이 패턴블록을 사용하여 만든 모양입니다. 여러분도 수학 요정처럼 패턴블록으로 여러 가지 모양을 만들어 보시오.

패턴블록으로
동물들을
만들어 볼까?

한 가지 패턴블록을 여러 개 사용하여 주어진 모양을 만들려고 합니다. ⬜ 안에
필요한 패턴블록의 개수를 쓰시오.

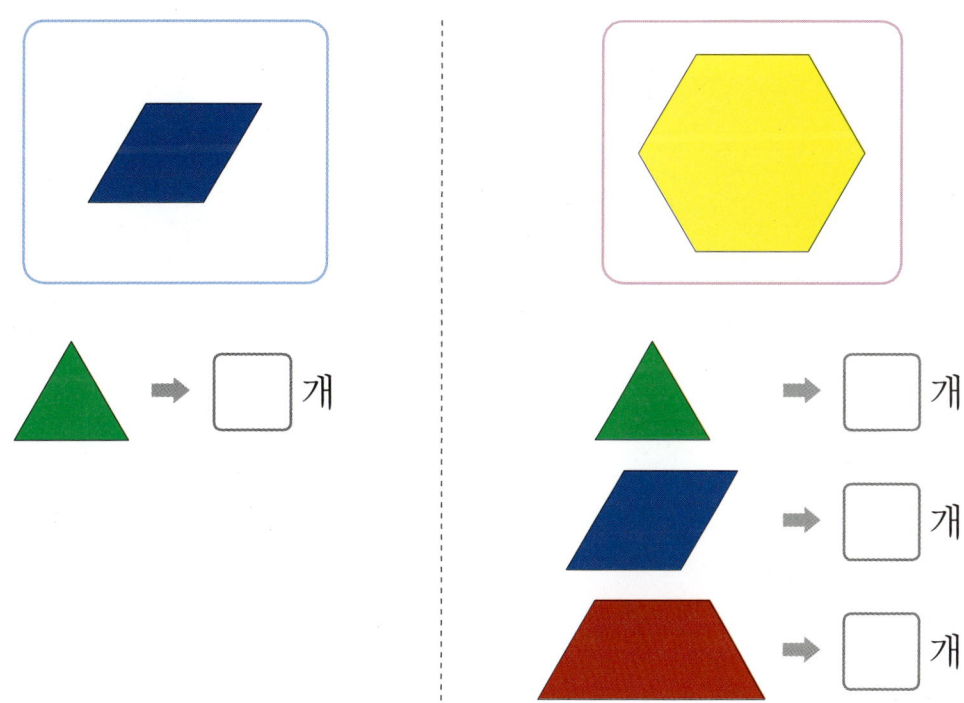

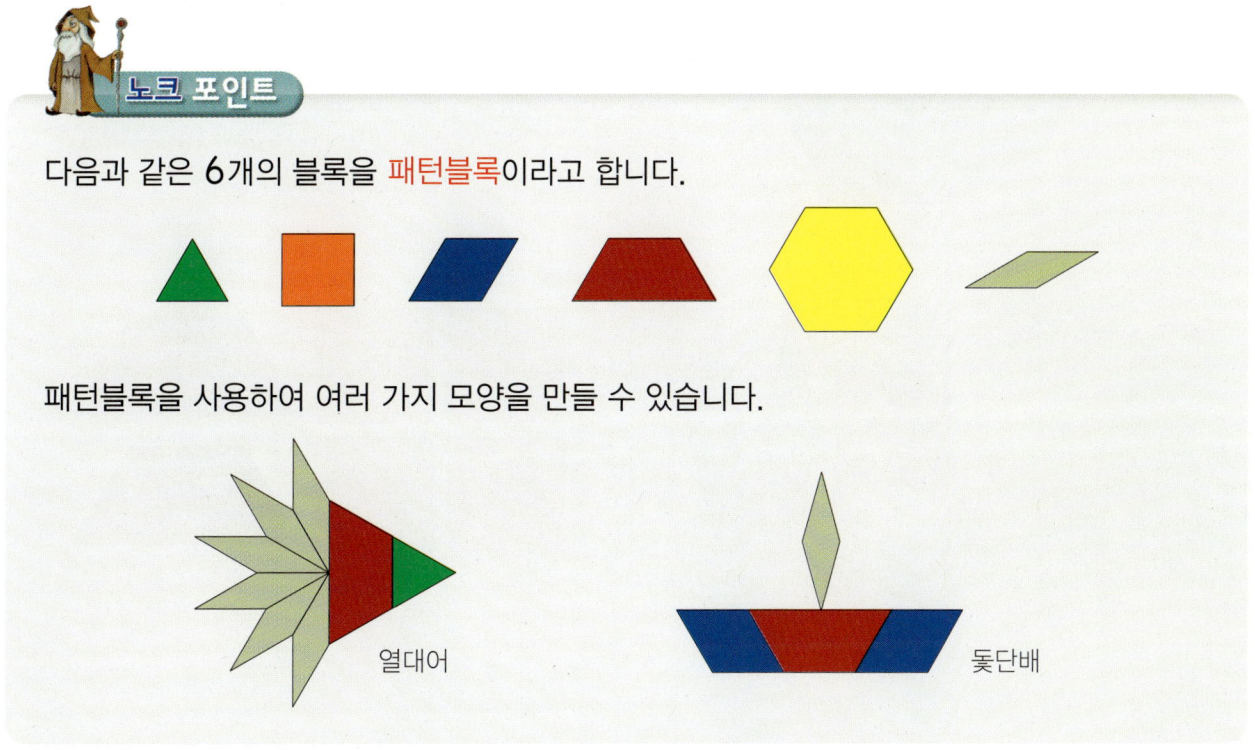

조각 찾기

선을 따라 자르면 여러 가지 패턴블록 조각들이 나옵니다. 보기 와 같이 패턴블록 조각들을 보고 자른 선을 나타내시오.

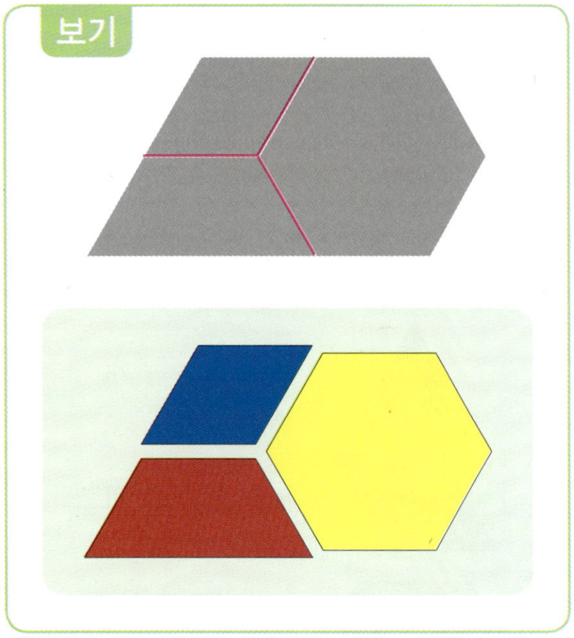

보기

1 주어진 모양을 만드는 데 필요한 패턴블록 2조각을 찾아 ◯표 하시오.

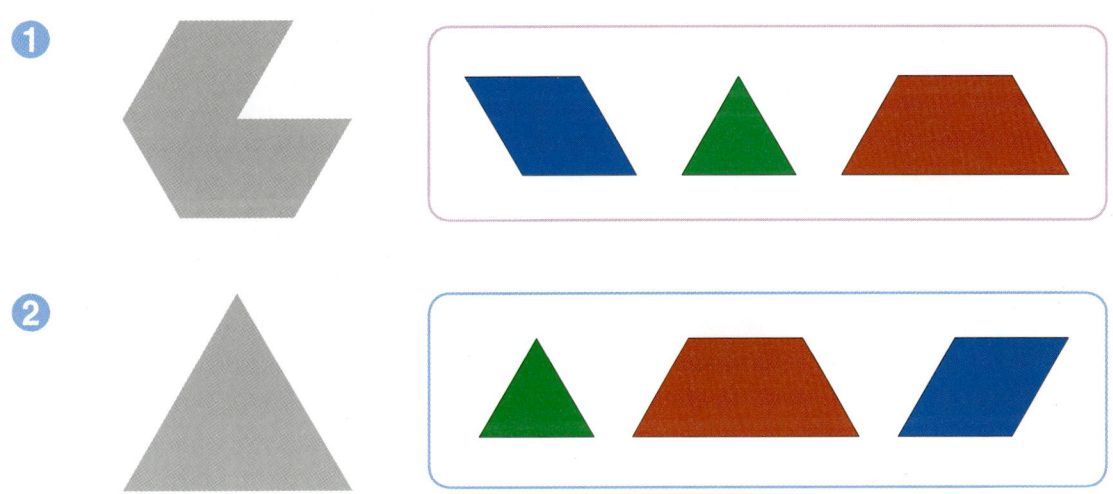

2 여러 가지 패턴블록 조각을 여러 개 사용하여 고양이를 만들었습니다. 사용할 수 없는 조각을 모두 찾아 ✕표 하시오.

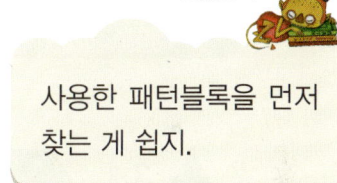

이것도 몰라!

사용한 패턴블록을 먼저 찾는 게 쉽지.

고양이

모양 만들기

초이와 같이 주어진 패턴블록을 모두 사용하여 △모양을 만들어 보시오.

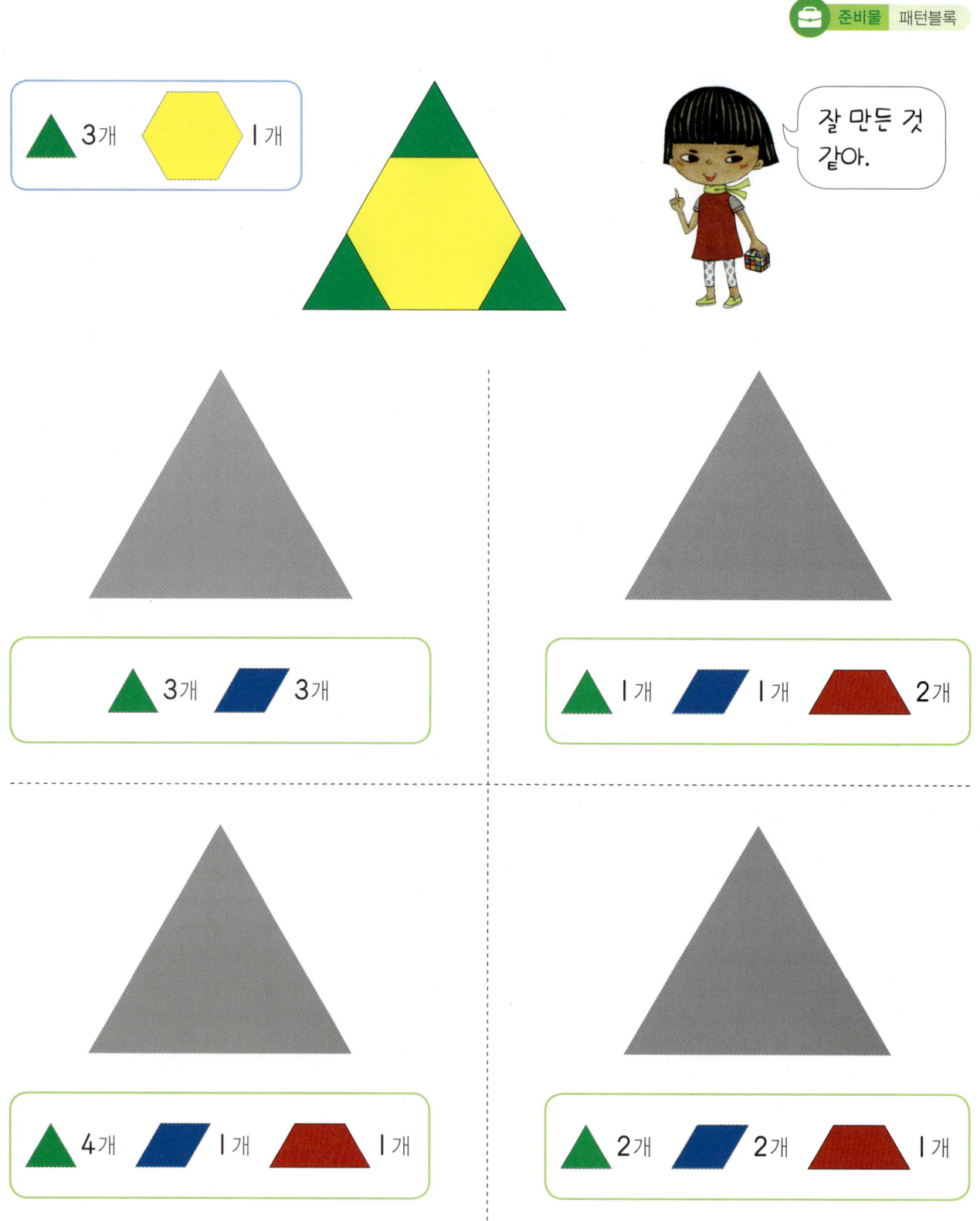

준비물 패턴블록

▲ 3개   ⬡ 1개

잘 만든 것 같아.

▲ 3개   ◆ 3개

▲ 1개   ◆ 1개   ⬯ 2개

▲ 4개   ◆ 1개   ⬯ 1개

▲ 2개   ◆ 2개   ⬯ 1개

1 주어진 패턴블록 조각을 모두 사용하여 다음 모양을 만들어 보시오.

준비물 패턴블록

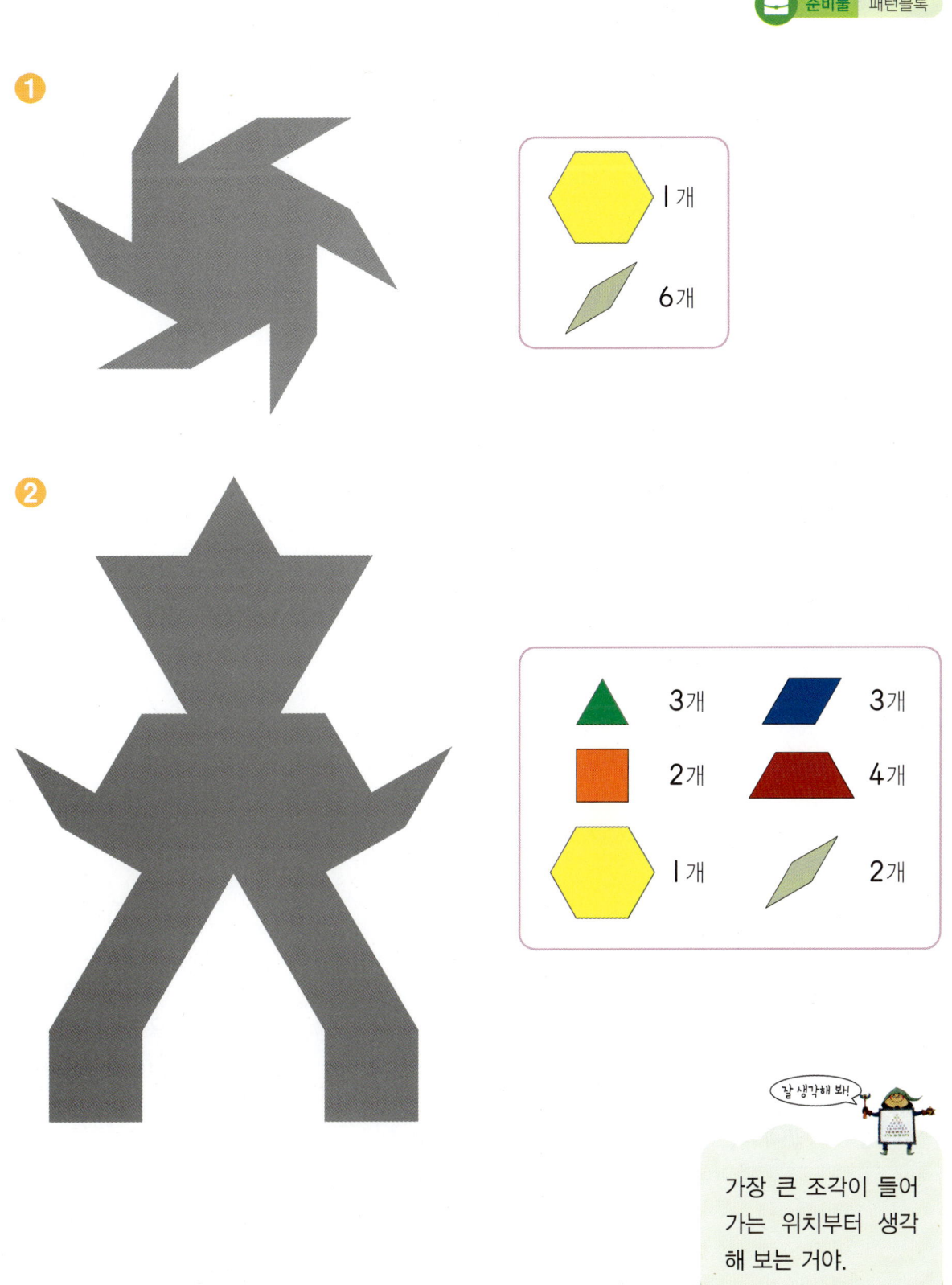

①

(육각형)	I개
(마름모)	6개

②

(삼각형)	3개	(파란 마름모)	3개
(사각형)	2개	(사다리꼴)	4개
(육각형)	I개	(마름모)	2개

잘 생각해 봐!

가장 큰 조각이 들어
가는 위치부터 생각
해 보는 거야.

◇모양을 정해진 개수의 패턴블록을 사용하여 빈틈없이 채우려고 합니다. 패턴 블록을 사용하여 만들어 보고 선으로 나타내시오.

준비물 패턴블록

1개

2개

3개

3개

4개

5개

6개

어떻게 하면 방법을 모두 찾을 수 있어요?

6조각으로 먼저 채운 다음, 1조각씩 줄여나가 보거라.

패턴블록으로 만든 모양을 보고 ☐ 안에 알맞은 수를 써넣으시오.

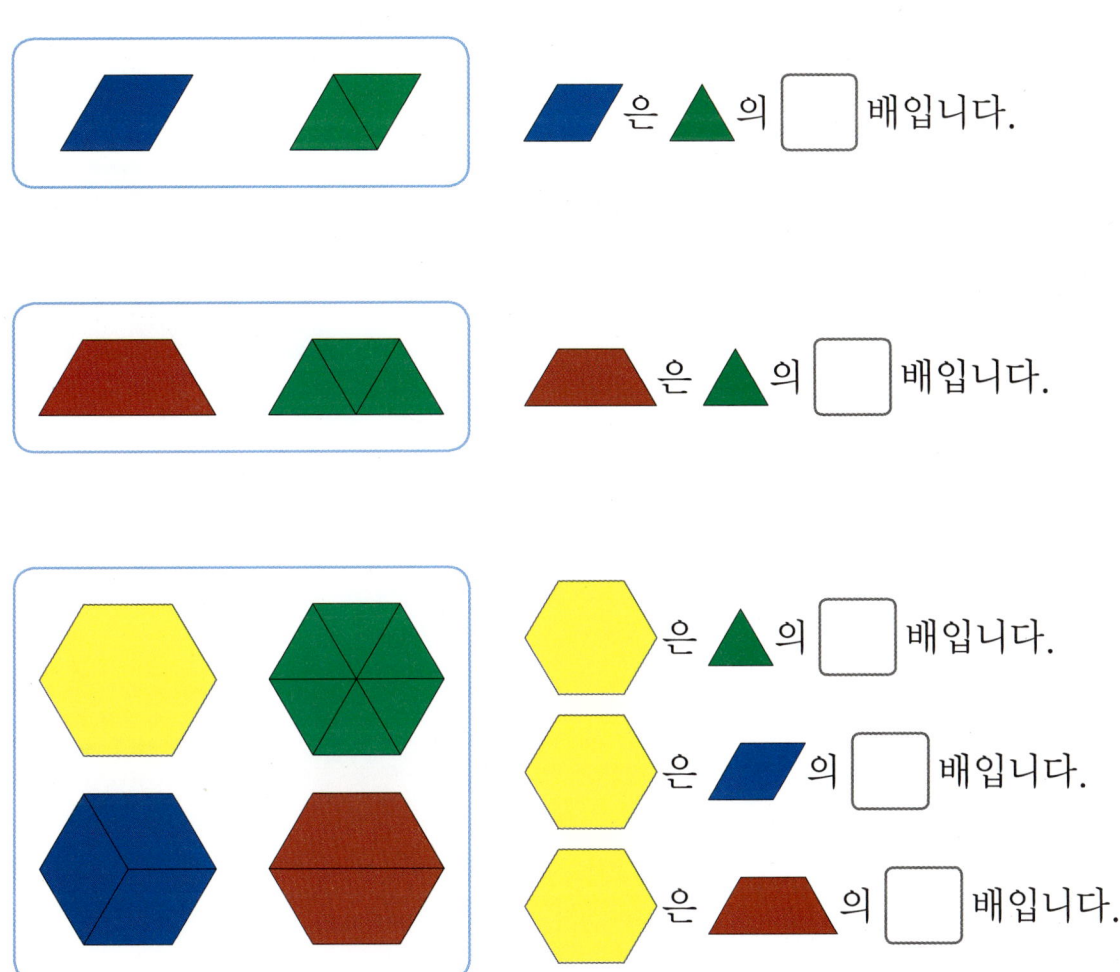

▱ 은 ▲ 의 ☐ 배입니다.

▱ 은 ▲ 의 ☐ 배입니다.

⬡ 은 ▲ 의 ☐ 배입니다.

⬡ 은 ▱ 의 ☐ 배입니다.

⬡ 은 ▱ 의 ☐ 배입니다.

노크 포인트

패턴블록의 개수를 다르게 하여 여러 가지 방법으로 모양을 채울 수 있습니다.
▲ 조각을 많이 사용할수록 사용하는 조각의 개수가 많아집니다.

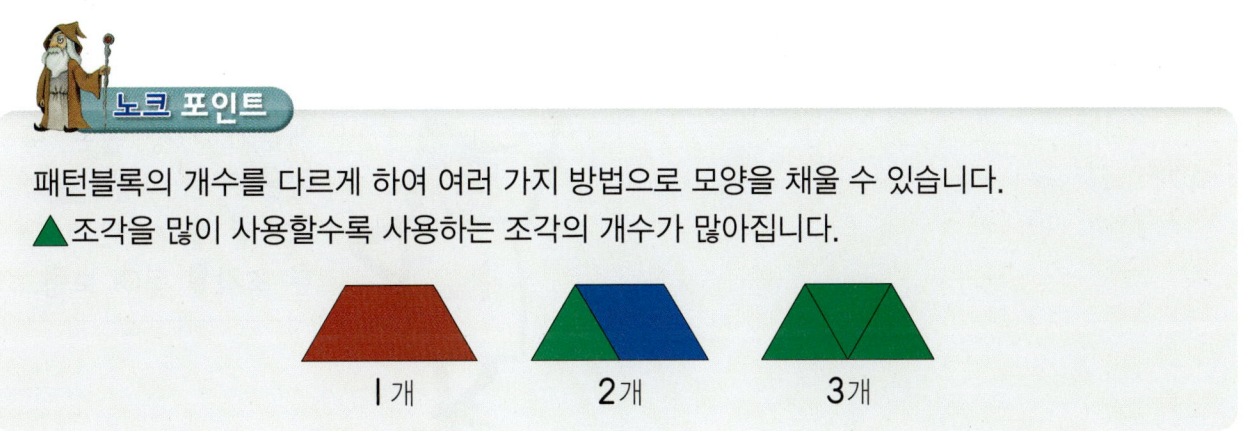

필요한 조각의 개수

정해진 개수의 패턴블록 조각을 사용하여 ⬡ 모양을 만들어 보시오. (단, 조각의 개수가 같은 경우 사용하는 패턴블록의 종류가 다르도록 만듭니다.)

준비물 패턴블록

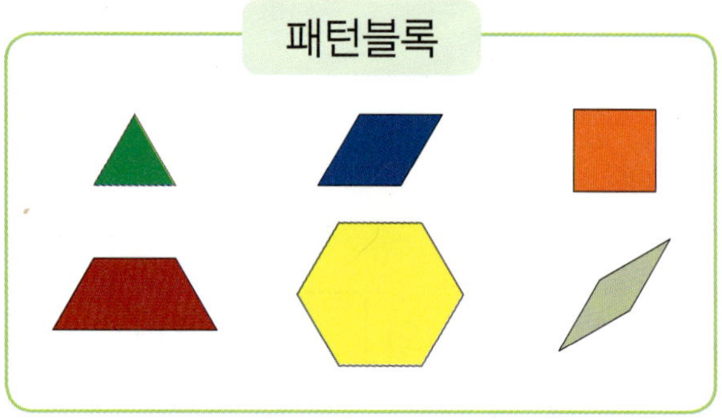

패턴블록

11개

7개

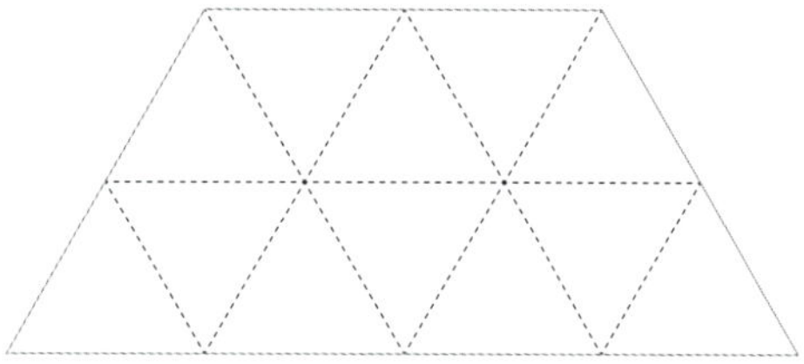

7개

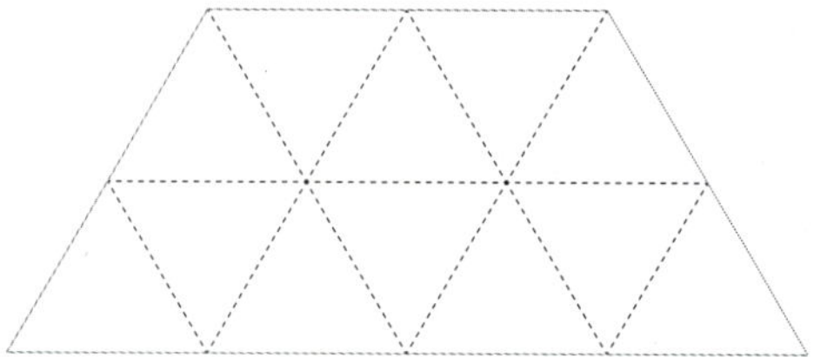

5개

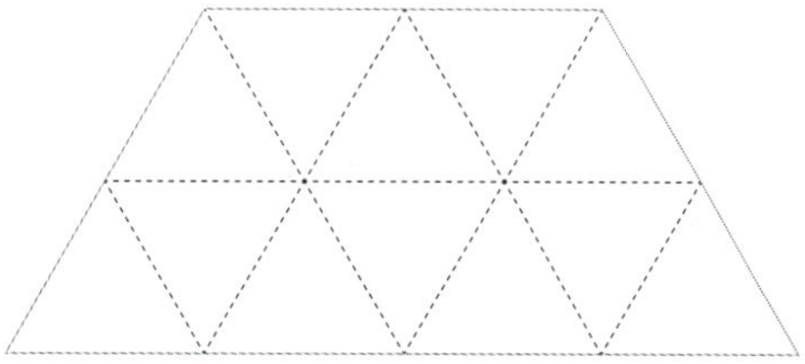

5개

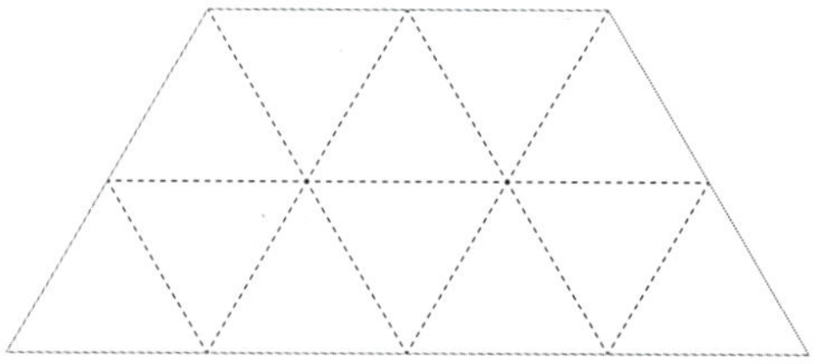

4개

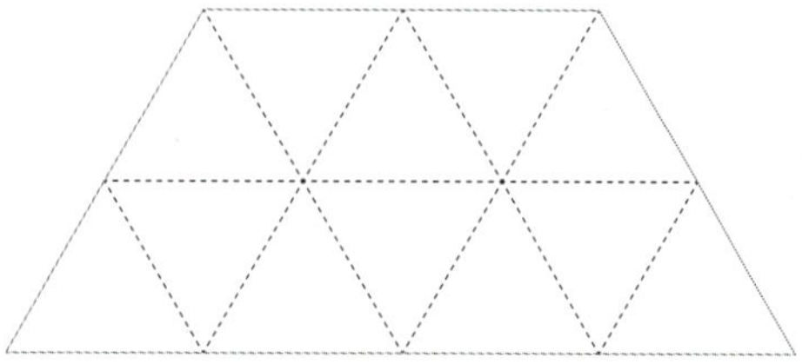

▲을 사용하여 조각의 개수가 가장 많은 모양을 만든 다음, ▲의 개수를 줄여가면서 다른 조각을 붙여 보렴.

1 정해진 개수만큼의 패턴블록 조각을 사용하여 다음 모양을 만들어 보시오.

준비물 패턴블록

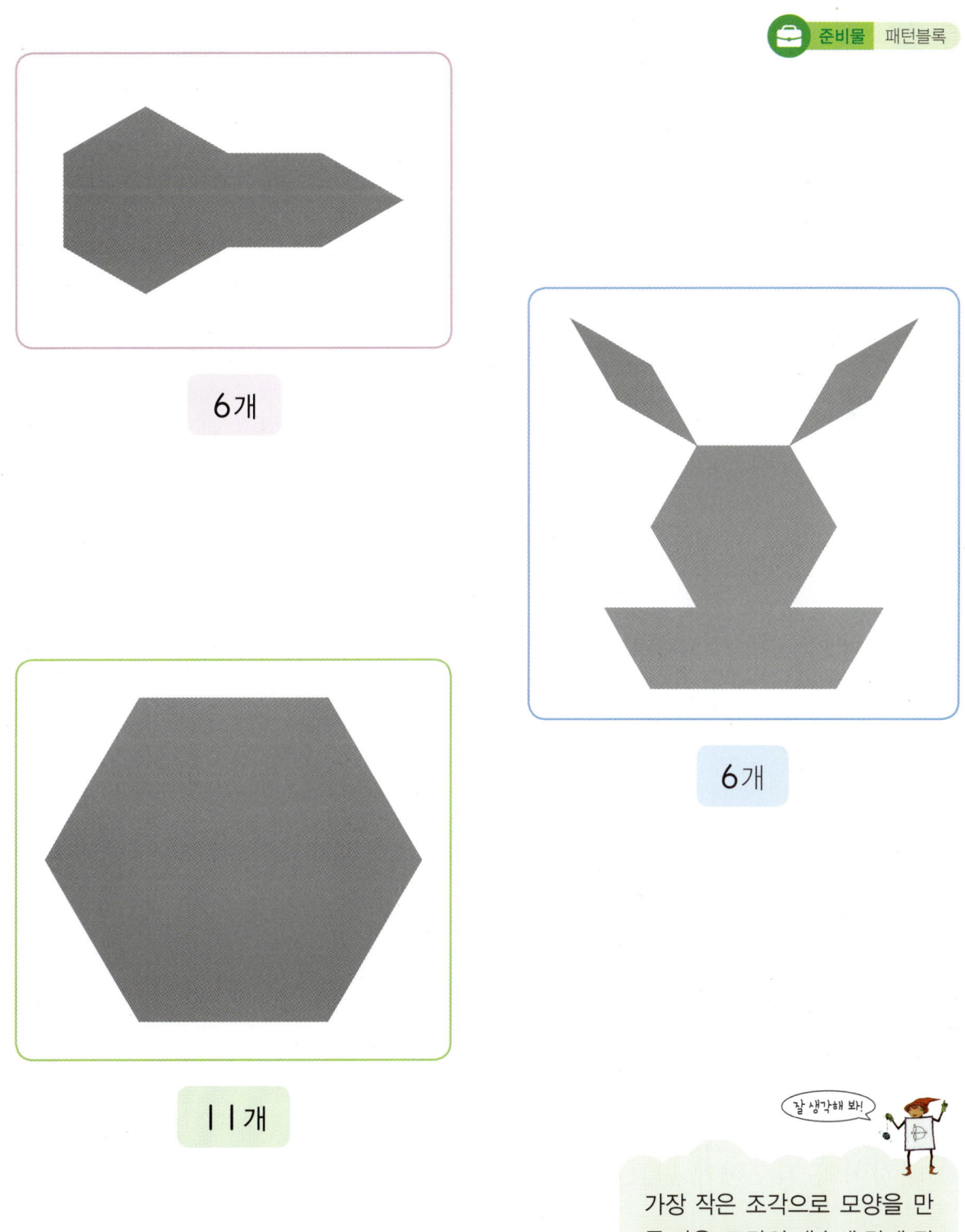

6개

6개

11개

잘 생각해 봐!

가장 작은 조각으로 모양을 만든 다음, 조각의 개수에 맞게 작은 조각을 큰 조각으로 바꾸어 가면 좀 더 쉽단다.

가장 적게, 가장 많게

태경이는 패턴블록을 가장 많이 사용하고, 지오는 패턴블록을 가장 적게 사용하여 다음 모양을 만들려고 합니다. 두 사람에게 필요한 패턴블록의 개수를 각각 구하시오.

준비물 패턴블록

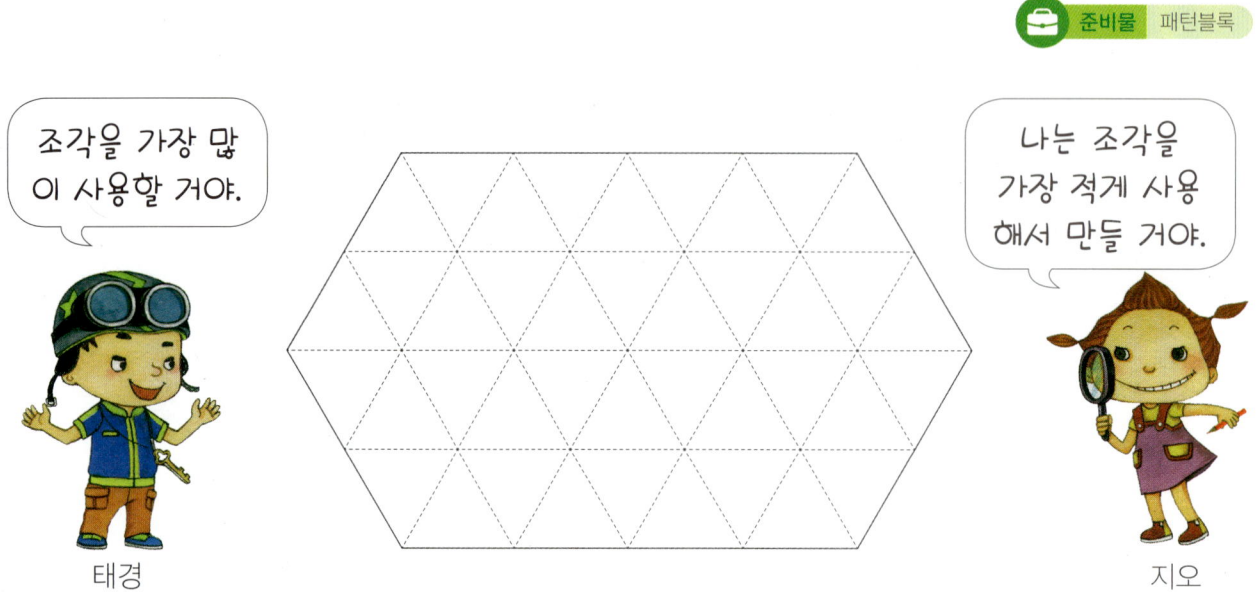

❶ 작은 조각을 많이 사용할수록 필요한 조각의 개수가 많아집니다. 위 모양을 ▲으로 모두 덮는 경우 필요한 조각의 개수를 구하시오.

❷ 큰 조각을 많이 사용할수록 필요한 조각의 개수가 적어집니다. 패턴블록을 가장 적게 사용하여 위 모양을 덮어 보시오.

❸ 태경이와 지오에게 필요한 패턴블록의 개수를 각각 구하시오.

1 다음 모양을 패턴블록을 가장 적게 사용하여 만들 경우와 가장 많이 사용하여 만들 경우 필요한 조각의 개수를 각각 구하시오.

준비물 패턴블록

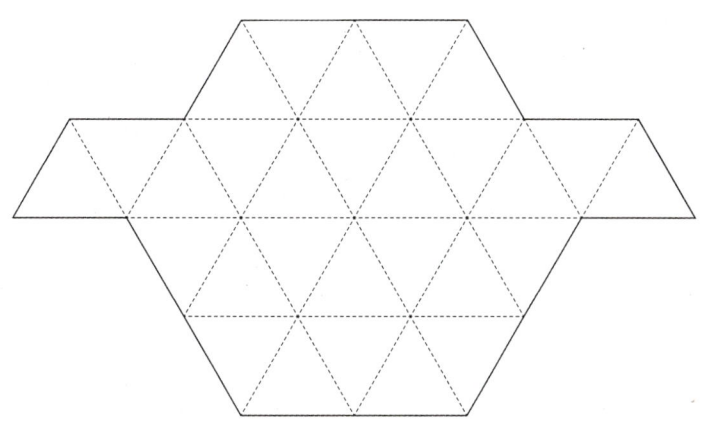

가장 적은 경우: ☐ 개   가장 많은 경우: ☐ 개

[더 적은 개수]

2 패턴블록 조각을 더 적게 사용하여 만들 수 있는 모양의 기호를 쓰시오.

준비물 패턴블록

잘 생각해 봐!

모양의 크기가 작다고 필요한 조각의 개수가 적은 것은 아니야.

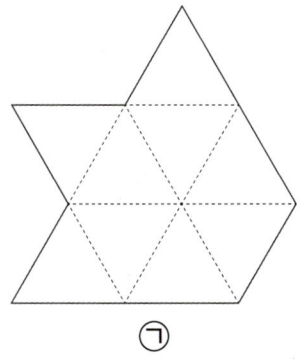

㉠

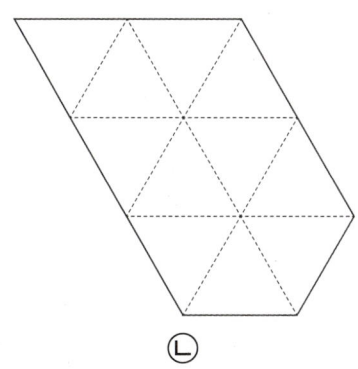

㉡

9 칠교

중국에서 처음 시작된 칠교 놀이는 다음과 같은 칠교 **7**조각을 사용하여 여러 가지 재미있는 모양을 만드는 것입니다. 칠교 조각들을 살펴보고 조각들의 특징을 이야기해 봅시다.

모양은 같은데 크기가 다른 조각도 있어.

똑같은 모양 조각이 있어!

□은 1개밖에 없어.

◢을 2개 붙이면 □을 만들 수 있어.

친구들이 찾아낸 특징 외에 다른 특징들을 찾아보렴.

칠교 조각 중 모양과 크기가 모두 같은 조각을 찾아 선으로 이어 보시오.

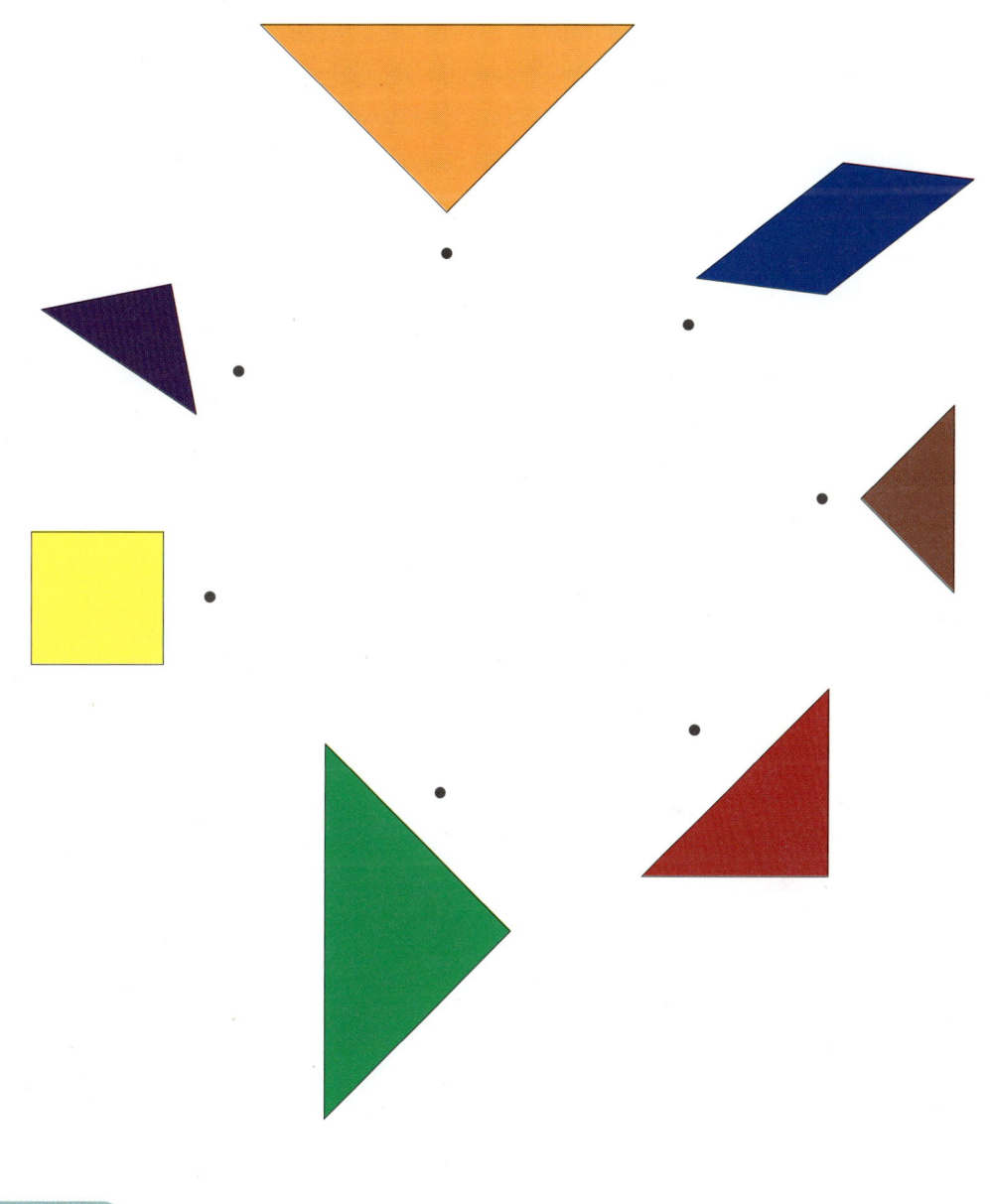

칠교에는 모양이 같은 조각, 크기가 같은 조각, 모양과 크기가 모두 같은 조각이 있습니다.

① 모양이 같은 조각: ㉠, ㉡, ㉣, ㉤, ㉥
② 크기가 같은 조각: ㉠과 ㉡, ㉢과 ㉤과 ㉥, ㉣과 ㉤
③ 모양과 크기가 모두 같은 조각: ㉠과 ㉡, ㉣과 ㉤

모양 만들기1

주어진 칠교 조각을 모두 사용하여 다음 모양을 만들어 보시오.

 준비물 칠교

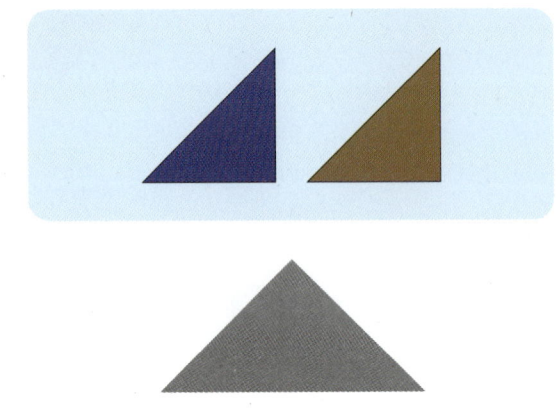

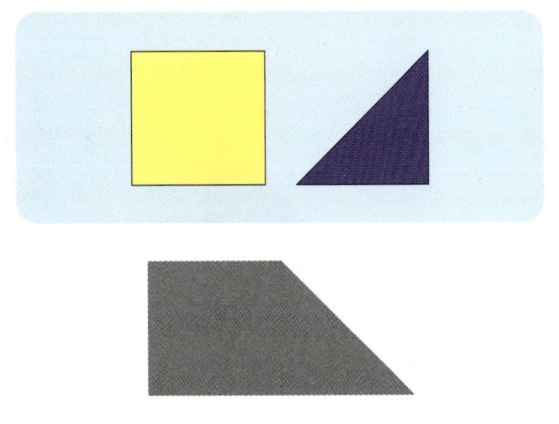

각 조각의 특징을 잘 찾아보면 모양을 만들기가 쉬워진단다.

1 왼쪽 종이를 잘라서 오른쪽 칠교 조각을 만들려고 합니다. 어떻게 잘라야 하는
지 자르는 선을 나타내시오.

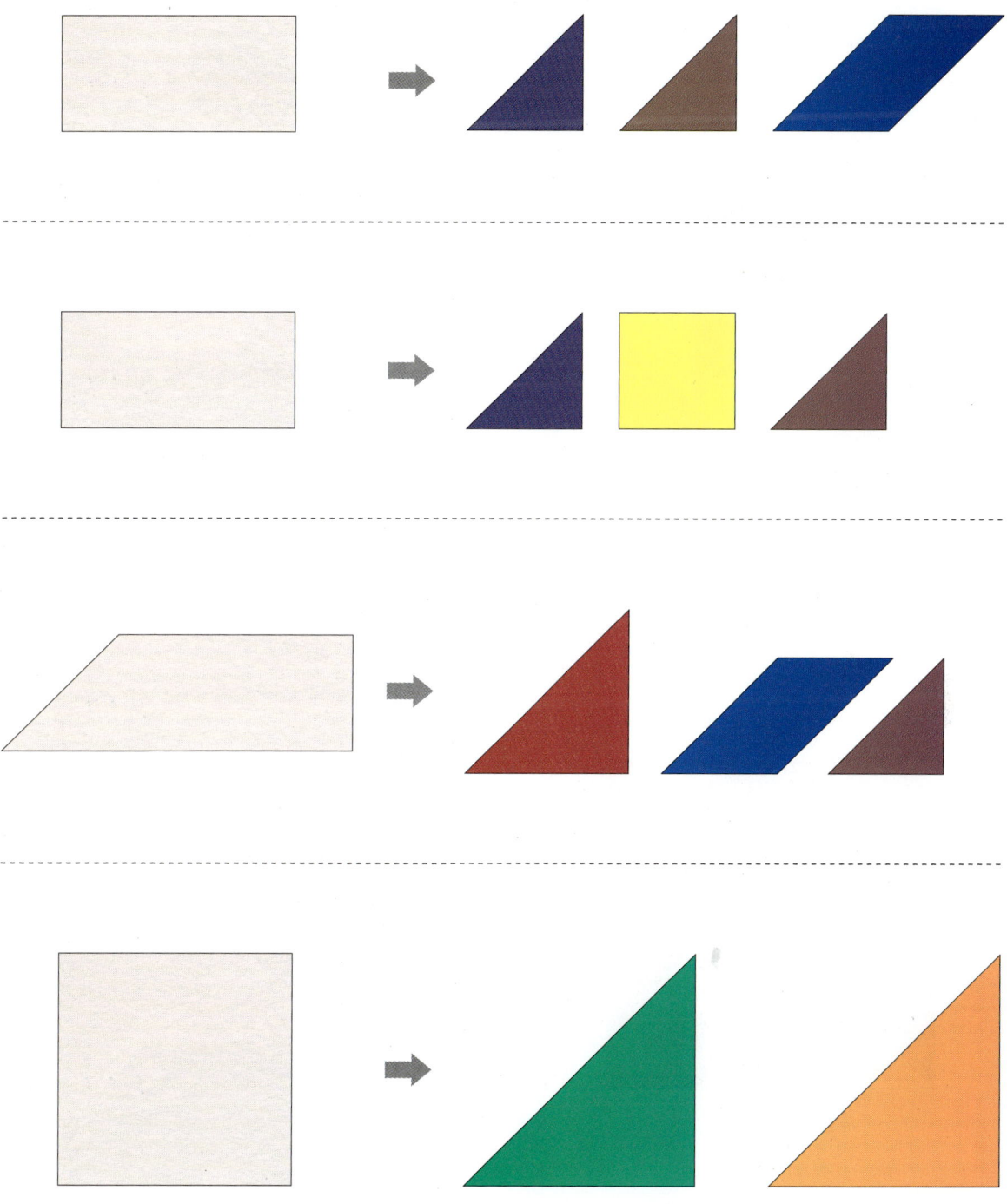

모양 만들기2

다음 칠교판의 빨간색 조각을 모두 사용하여 주어진 동물 모양을 완성하시오.

준비물 칠교

모양을 완성하면 날아가 버릴까?

①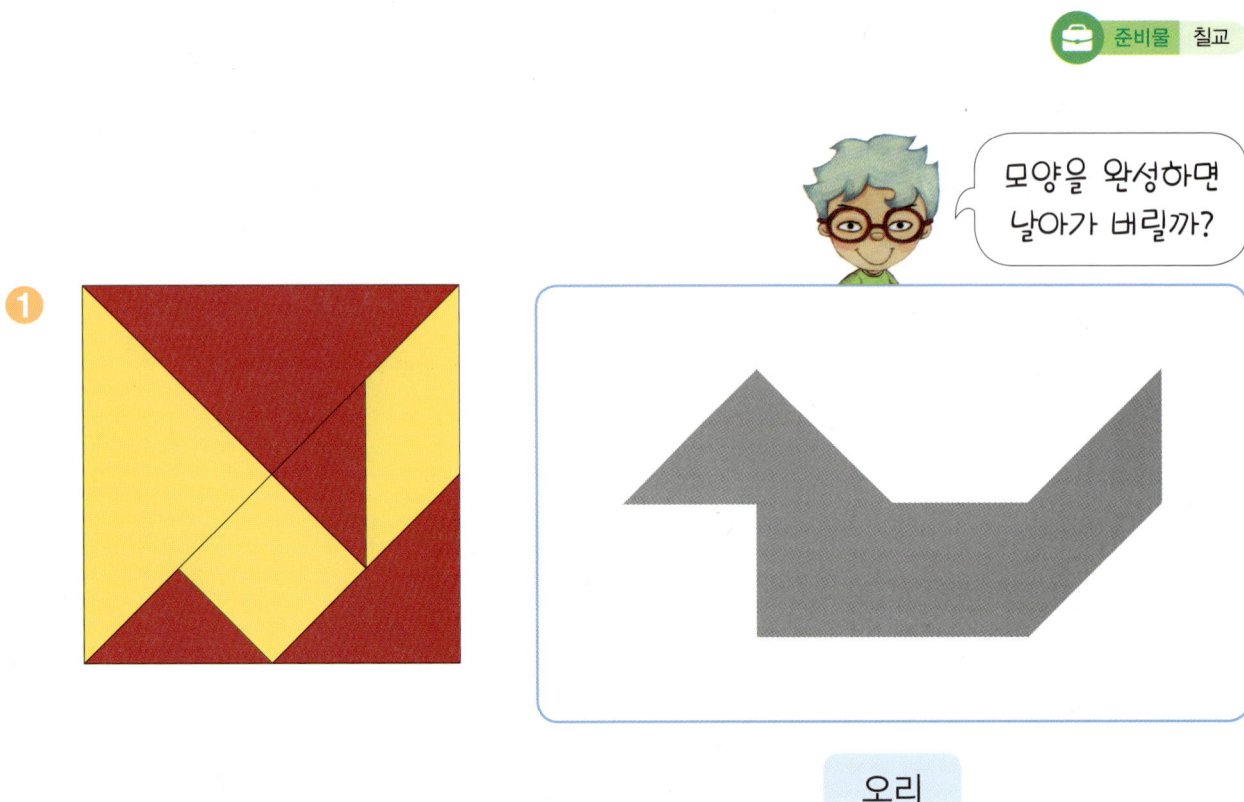

오리

②

백조

[앉아 있는 사람]

1 칠교 조각 7개를 모두 사용하여 앉아 있는 사람을 만들어 보시오.

준비물 칠교

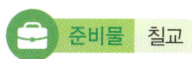

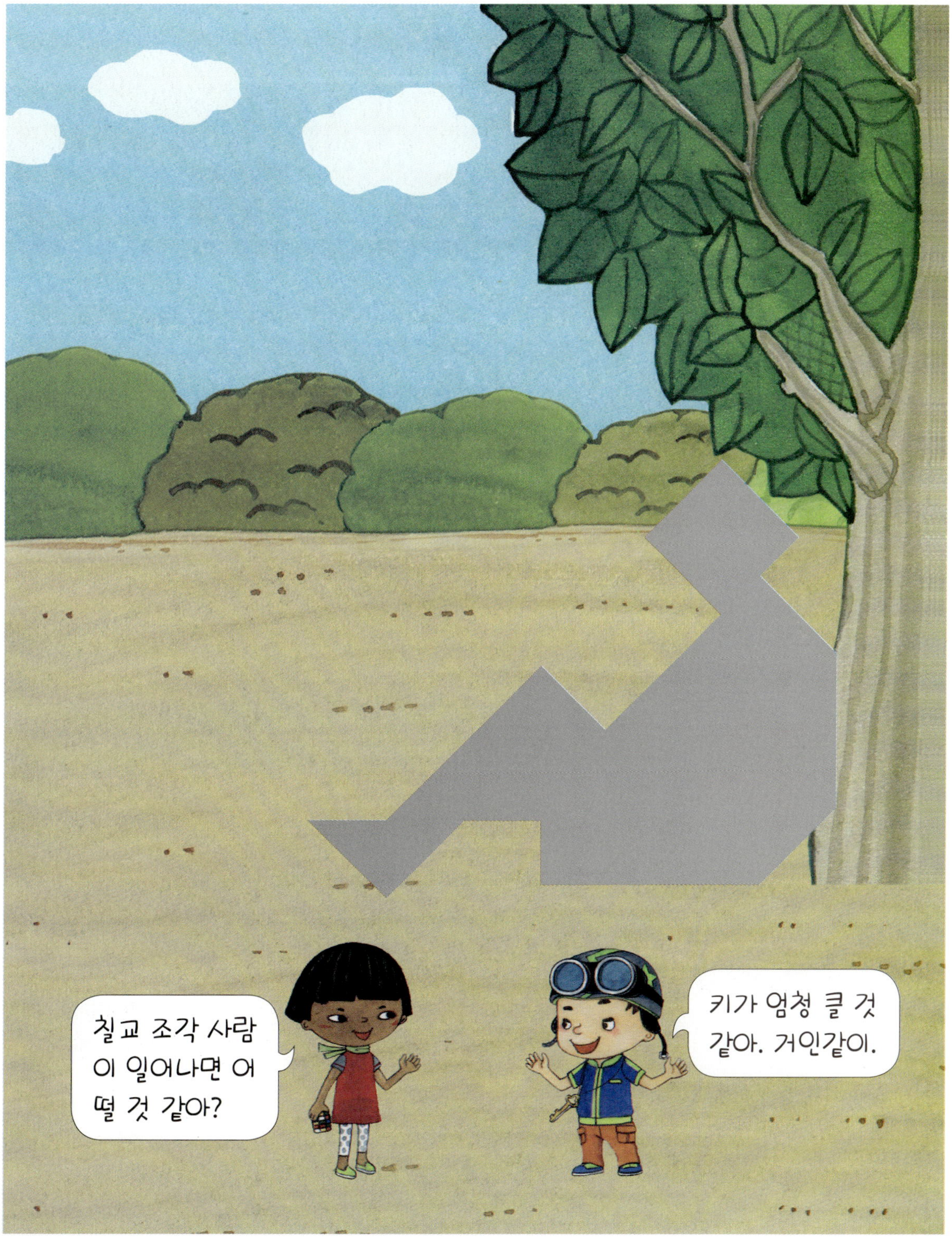

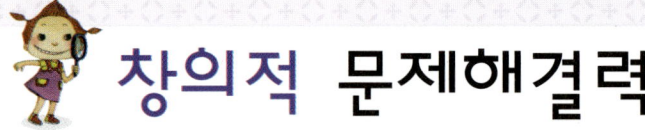

창의적 문제해결력

1 주어진 블록을 여러 개 사용하여 만들 수 없는 모양은 어느 것입니까?

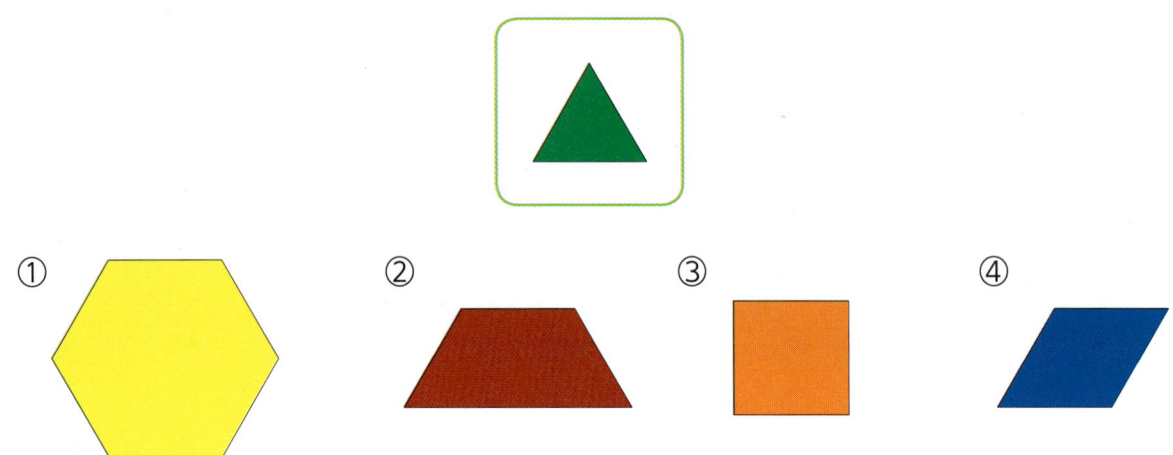

2 패턴블록 조각을 사용하여 다음 모양을 만들려고 합니다. 패턴블록을 가장 적게 사용할 경우 필요한 ◢◣ 의 개수를 구하시오. (단, ⬡ 은 2개만 사용할 수 있습니다.)

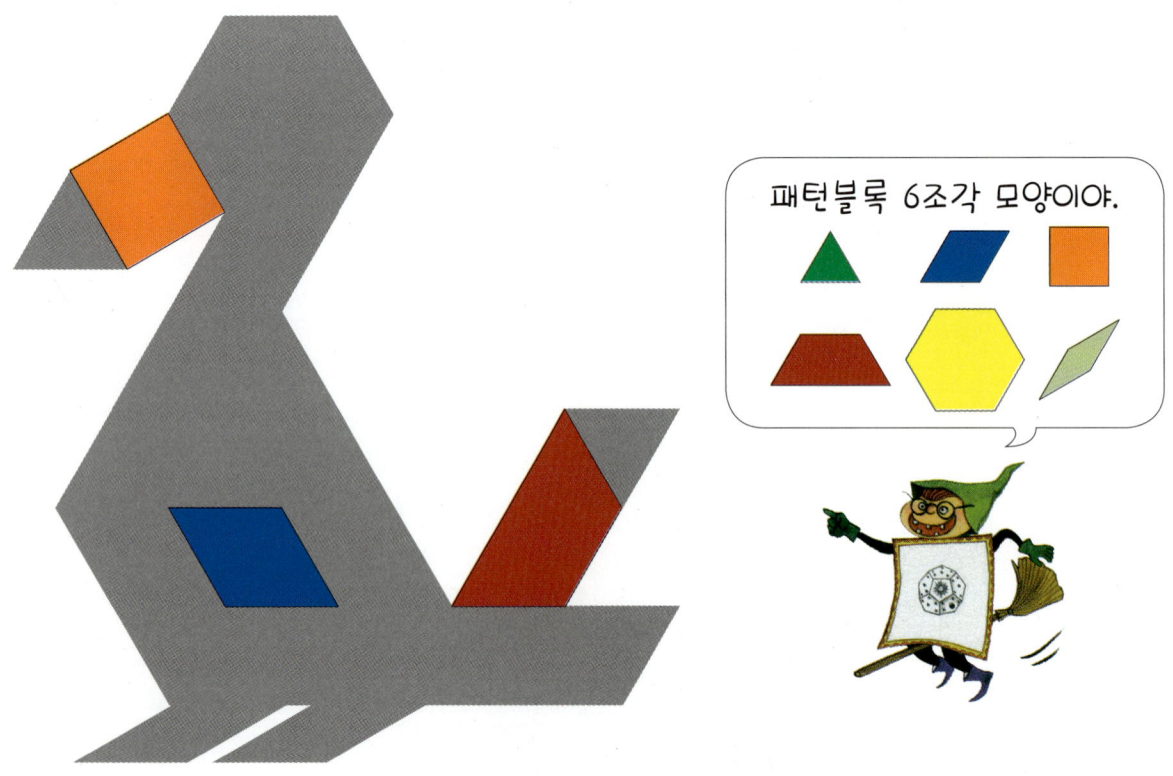

패턴블록 6조각 모양이야.

3 다음은 칠교 조각으로 만든 '춤추는 사람'입니다. 여러분도 칠교 조각을 한 번씩 모두 사용하여 자신만의 모양을 만들고 제목을 지어 보시오. 🧰 준비물 칠교 스티커

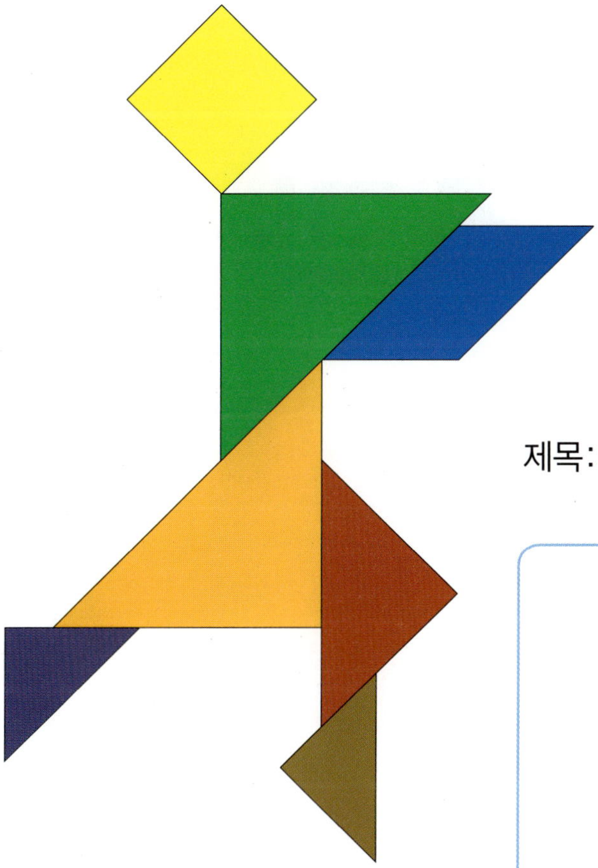

춤추는 사람

제목: _____

Chapter 4

퍼즐과 도형2

10 펜토미노

지오와 초이가 ■ 모양을 이어 붙여 여러 가지 모양을 만들었습니다.

> 2개 또는 3개를 이어 붙여 만든 모양이야.

지오

2개

3개

> 4개를 이어 붙여 만든 모양이야.

초이

4개

다음 모양과 초이가 만든 모양을 비교해 보시오.

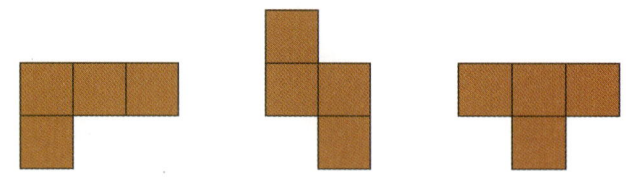

다음은 ■ 모양 5개를 이어 붙여 만든 펜토미노 조각입니다. 같은 모양의 조각 끼리 선으로 이어 보시오.

펜토미노는 다음과 같이 크기가 같은 ■ 모양 5개를 이어 붙여 만든 모양입니다.

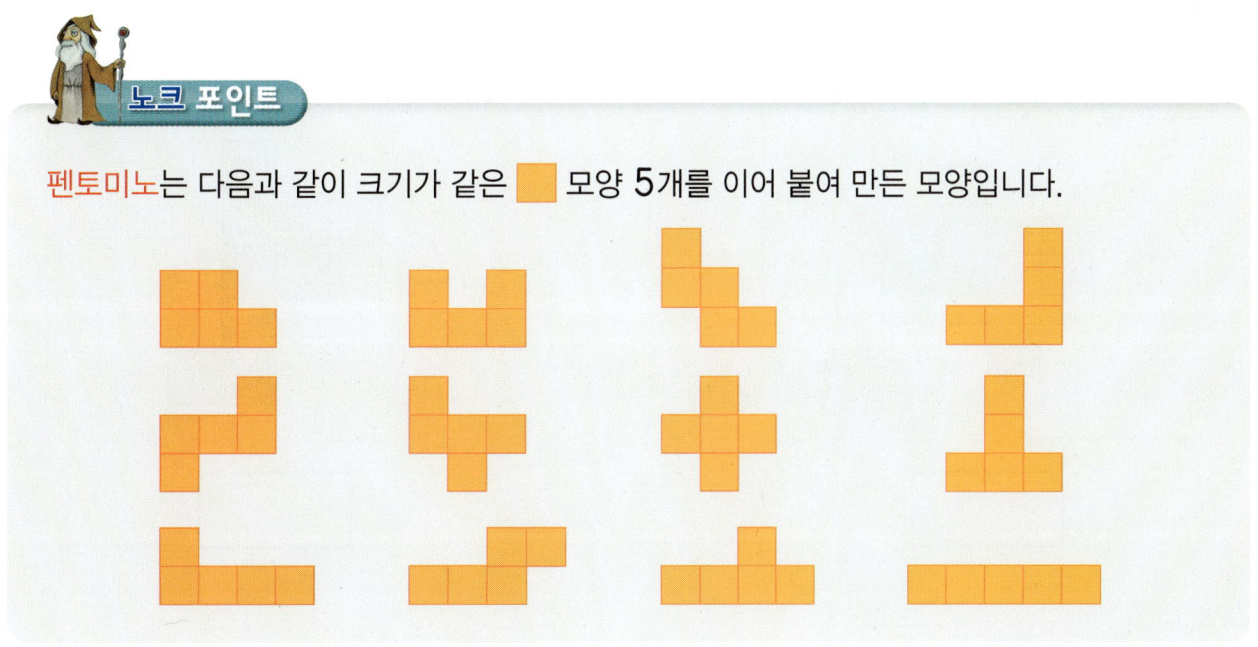

펜토미노 2조각

다음은 똑같은 펜토미노 조각 2개를 이어 붙여 만든 모양입니다. 사용한 펜토미노 조각을 찾아 ☐ 안에 알맞은 기호를 써넣으시오.

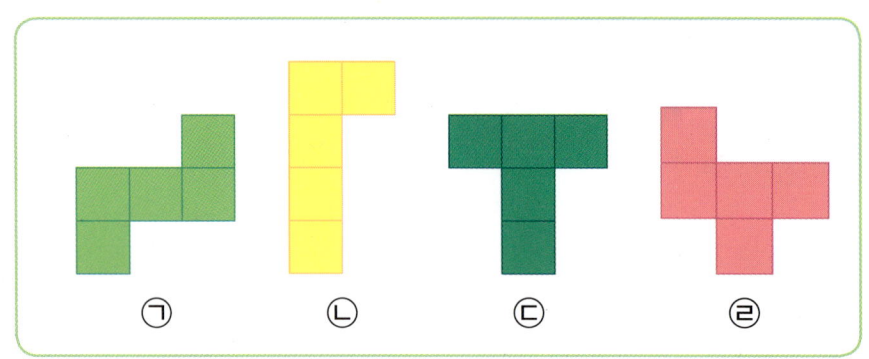

펜토미노 조각을 돌려 보고, 뒤집어 보면서 만들어 보렴.

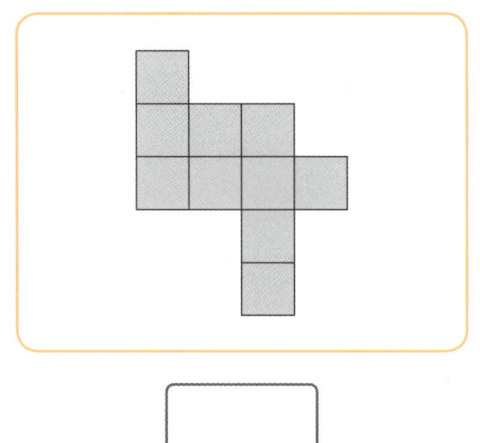

☐

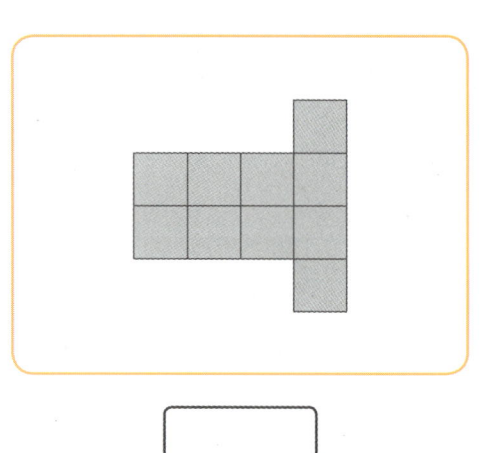

☐

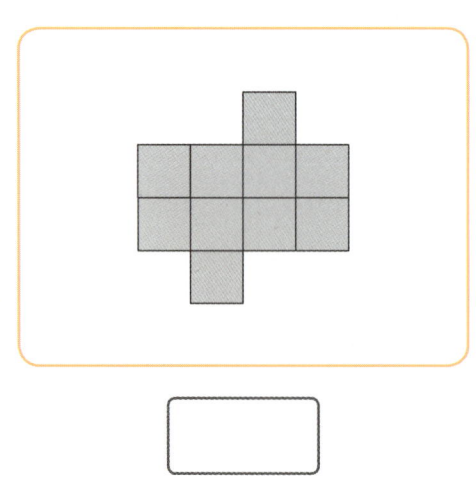

☐

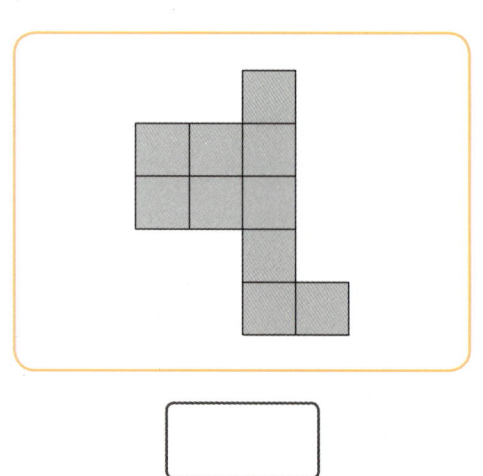

☐

1 주어진 펜토미노 조각을 모두 사용하여 만든 모양입니다. 만든 방법을 선으로 나타내어 보시오.

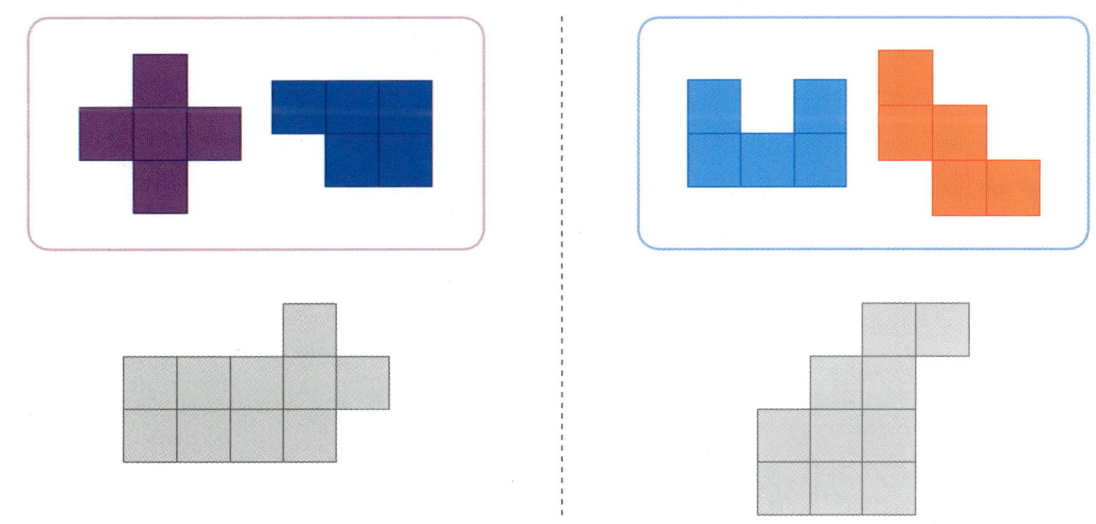

2 다음 펜토미노 조각 중 2개를 사용하여 만든 모양입니다. 사용하지 않은 조각에 ✕표 하시오.

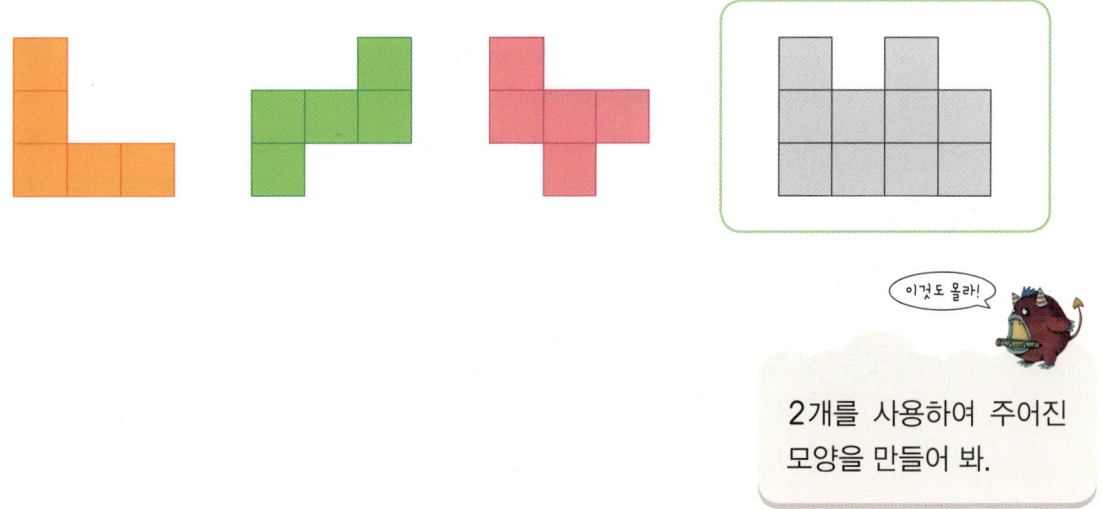

이것도 몰라!

2개를 사용하여 주어진
모양을 만들어 봐.

펜토미노 모양 만들기

주어진 펜토미노 조각을 모두 사용하여 사자와 낙타를 만들어 보시오.

준비물 펜토미노

나는 사자를 만들었지.

사자

나는 사막에 사는 낙타를 만들었어.

낙타

[펜토미노 3조각]

1 서로 다른 펜토미노 조각을 3개씩 사용하여 똑같은 모양을 만든 것입니다. 만든 방법을 선으로 나타내어 보시오.

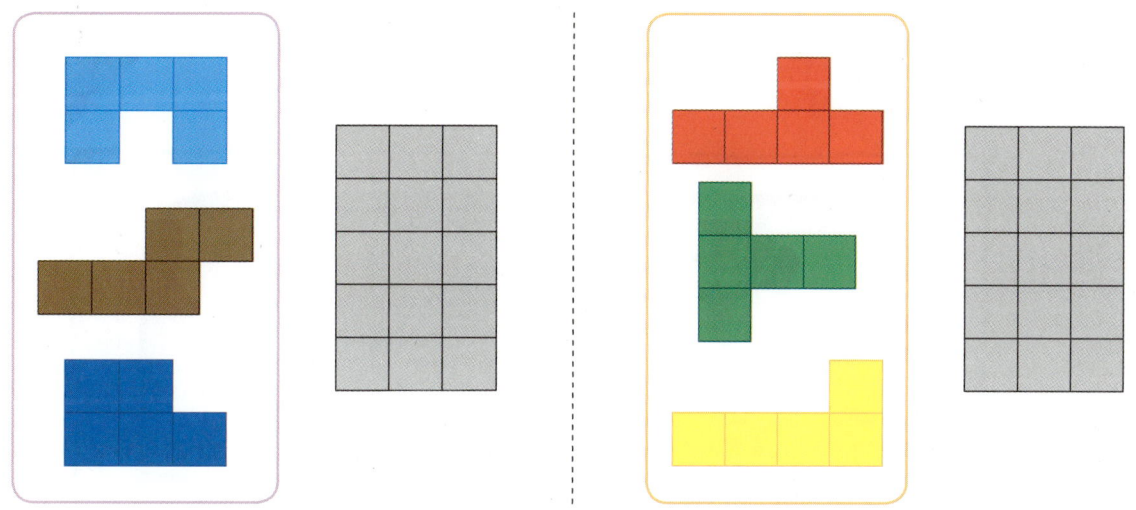

[상자 안 펜토미노]

2 상자의 빈 공간을 펜토미노 조각으로 채우려고 합니다. 다음 중 상자에 넣을 수 있는 조각을 모두 찾아 ◯표 하시오.

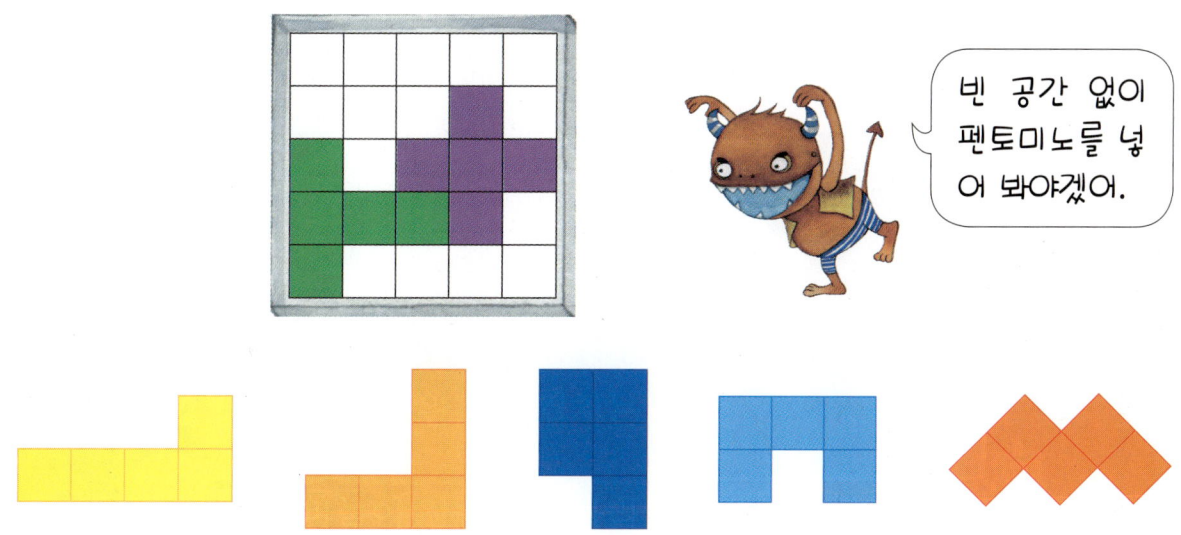

11 모양 맞추기

초이와 지오는 방학 숙제로 아침에 해가 뜨는 장면을 물감과 여러 가지 모양 조각을 사용하여 나타냈습니다.

해 뜨는 우리 집

주어진 모양 조각을 모두 사용하여 다음 그림을 완성하시오.

부분 조각

태경이는 선을 따라 색종이를 자른 다음, 자른 조각을 늘어놓았습니다. 색종이 위에 자른 선을 나타내어 보시오.

이렇게 잘라 봐야지~

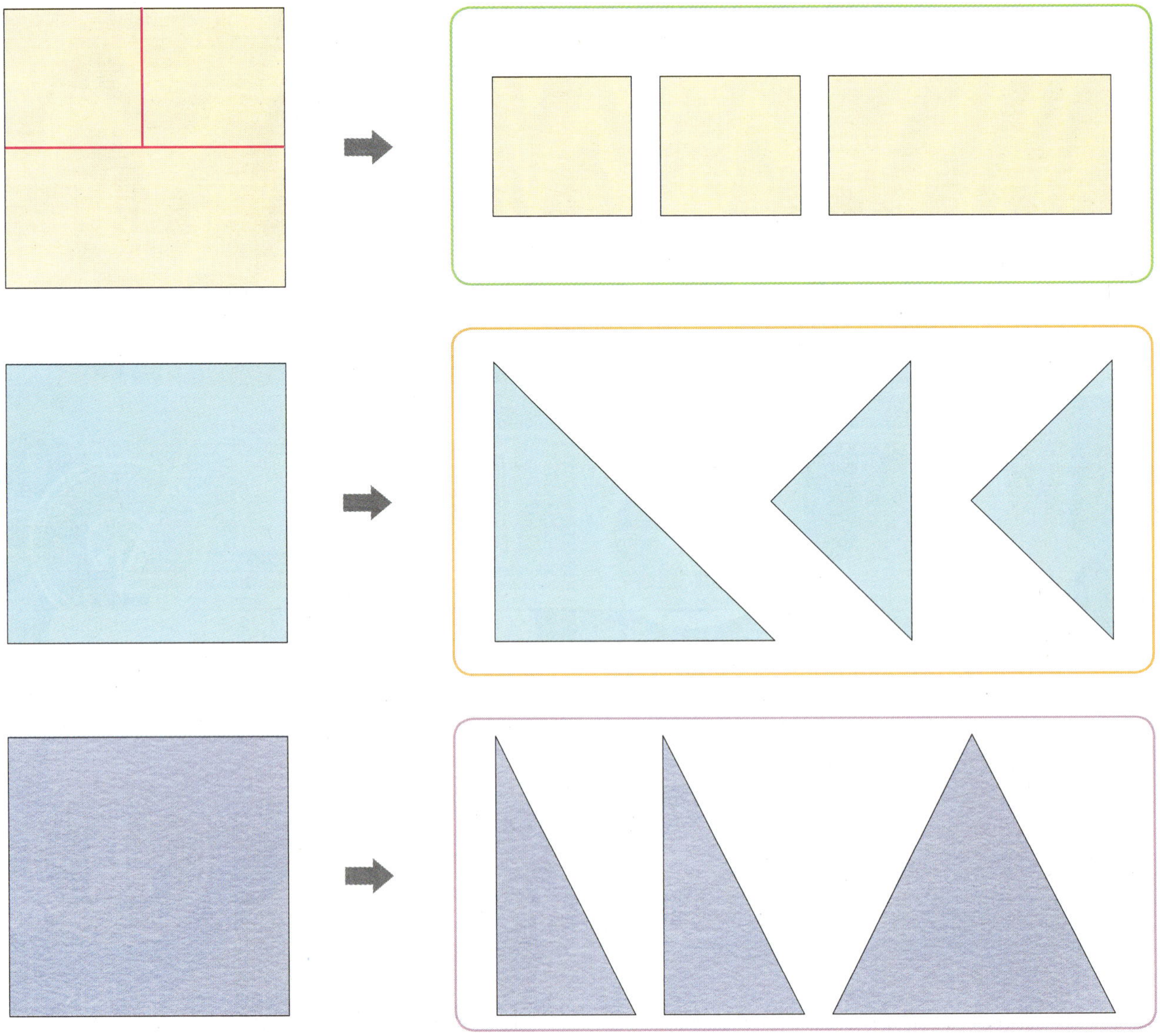

1 주어진 모양을 만드는 데 필요한 조각을 모두 찾아 ◯표 하시오.

①

②

[색종이]

2 색종이를 잘라 다음과 같이 5조각을 만들었습니다. 색종이 위에 자른 선을 나타내어 보시오.

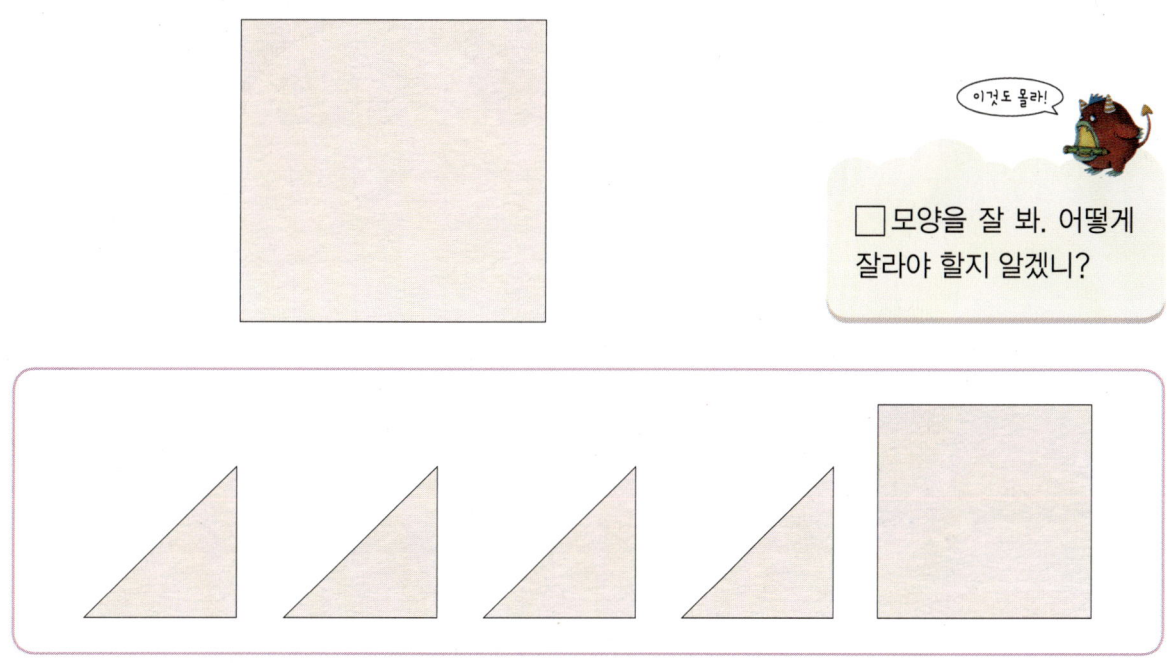

이것도 몰라!

☐ 모양을 잘 봐. 어떻게 잘라야 할지 알겠니?

잘라서 만들기

보기 와 같이 빨간색 선을 따라 잘라서 만든 조각 2개를 사용하여 ☐ 모양을 만들었습니다. 만든 방법을 선으로 나타내어 보시오.

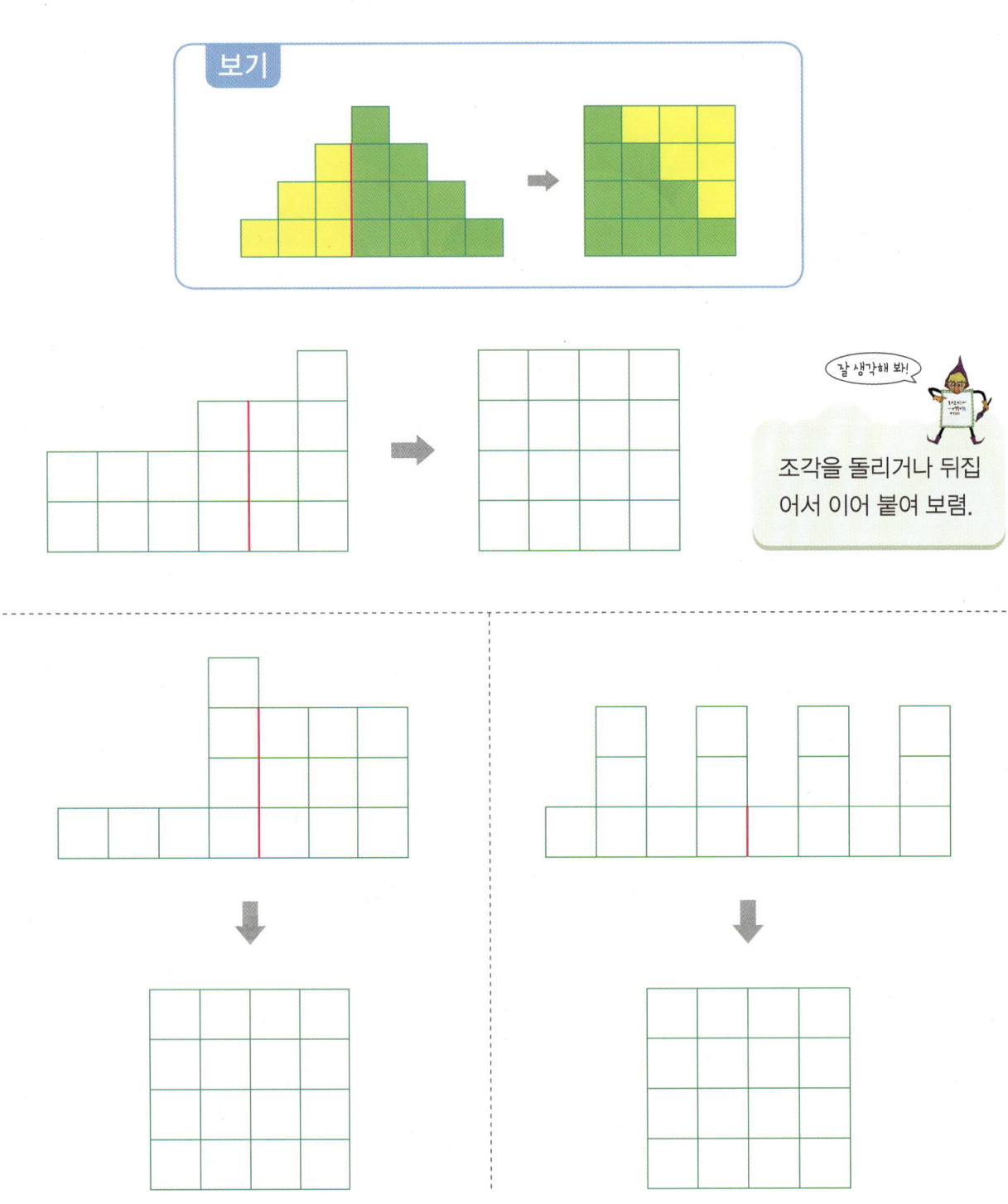

조각을 돌리거나 뒤집어서 이어 붙여 보렴.

1 악어 그림을 완성하기 위해 필요한 모양을 찾으시오.

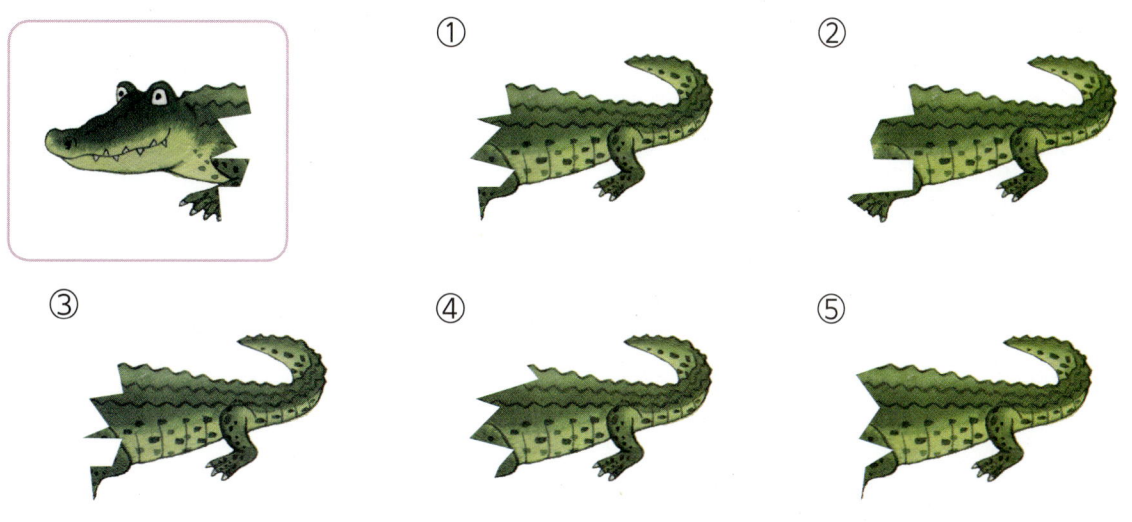

2 왼쪽 모양을 선을 따라 잘라서 만든 조각 3개를 사용하여 오른쪽 모양을 만들었습니다. 오른쪽 모양에 자른 선을 나타내어 보시오.

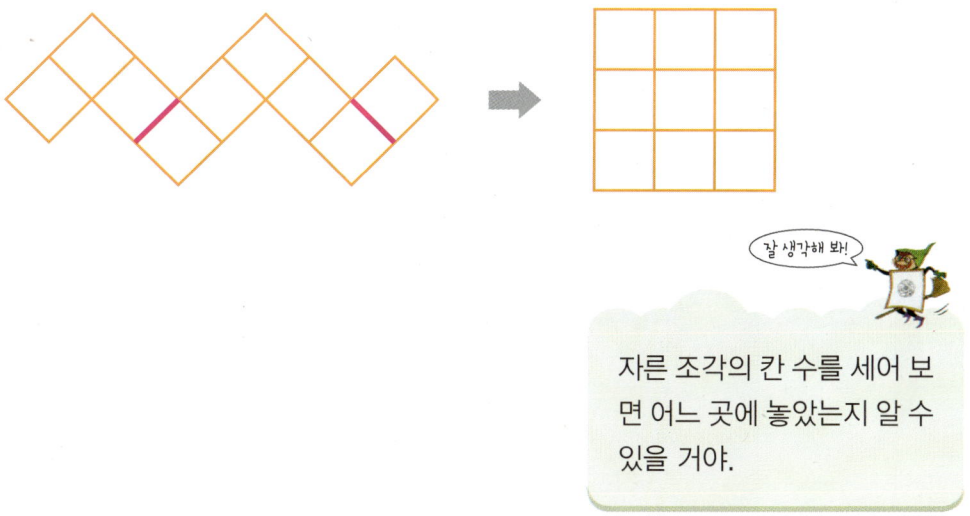

잘 생각해 봐!

자른 조각의 칸 수를 세어 보면 어느 곳에 놓았는지 알 수 있을 거야.

그림의 일부가 지워져 있습니다. 그림을 완성하시오.

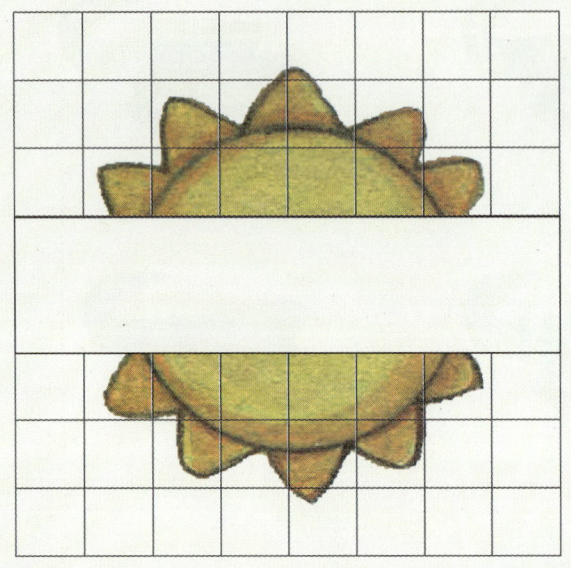

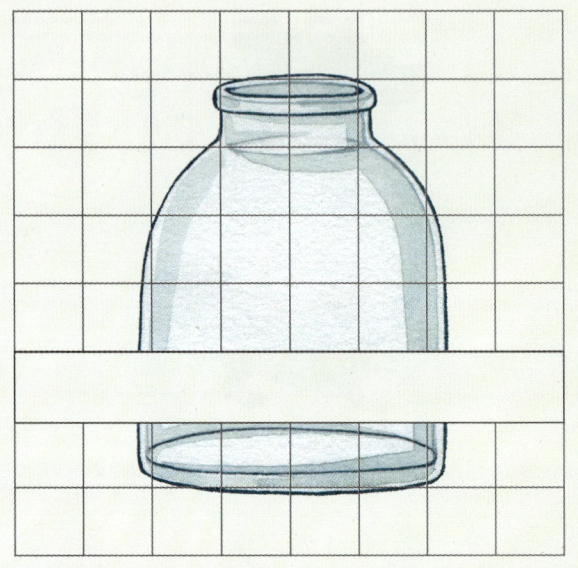

무슨 그림인지 모르겠어.

🌀 관계있는 퍼즐 조각을 찾아 선으로 이어 보시오.

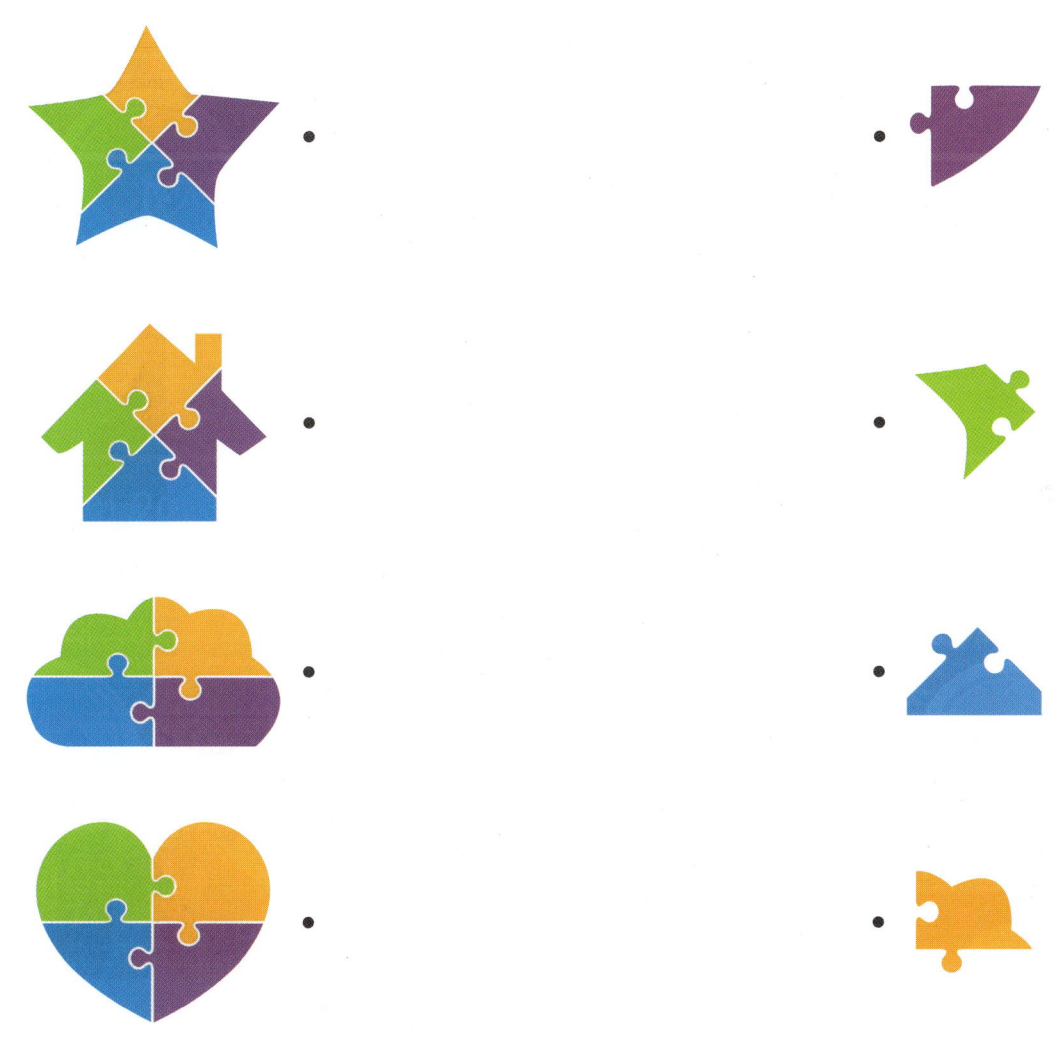

그림이나 사진을 여러 개의 작은 조각으로 나누어 다시 맞추는 퍼즐을 직소퍼즐이라고 합니다.
직소퍼즐은 나무판을 직소라는 톱으로 잘라서 퍼즐을 만든 데에서 유래되었습니다.

직소퍼즐을 완성하기 위하여 조각을 찾을 때에는
① 조각의 특징(크기, 색, 모양)을 생각하여 찾습니다.
② 조각을 돌려가며 원하는 부분의 모양과 비교하여 찾습니다.

퍼즐과 조각

지오는 가족 사진을 퍼즐로 만들었습니다. 다음 중 가족 사진의 퍼즐 조각이 아닌 것을 모두 찾아 기호를 쓰시오.

잘 생각해 봐!

먼저 각 조각의 위치를 퍼즐에서 찾아봐야 해.

ㄱ

ㄴ

ㄷ

ㄹ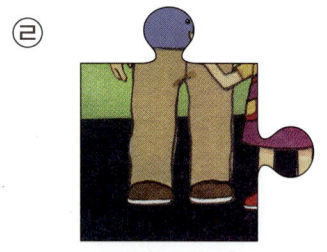

ㅁ

ㅂ

ㅅ

ㅇ

ㅈ

[조각과 퍼즐]

1 다음 퍼즐 조각이 나오도록 그림에 자른 선을 그어 보시오.

[필요 없는 조각]

2 다음 퍼즐을 완성하려고 할 때, 필요 없는 조각을 찾아 ✕표 하시오.

  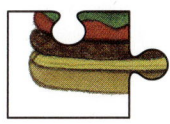  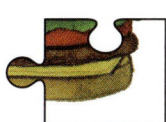

퍼즐 완성하기

딴소리 요괴의 모습을 다음과 같이 9조각의 퍼즐로 만들려고 합니다. 퍼즐을 맞추었을 때 각 칸에 들어갈 조각의 번호를 쓰시오.

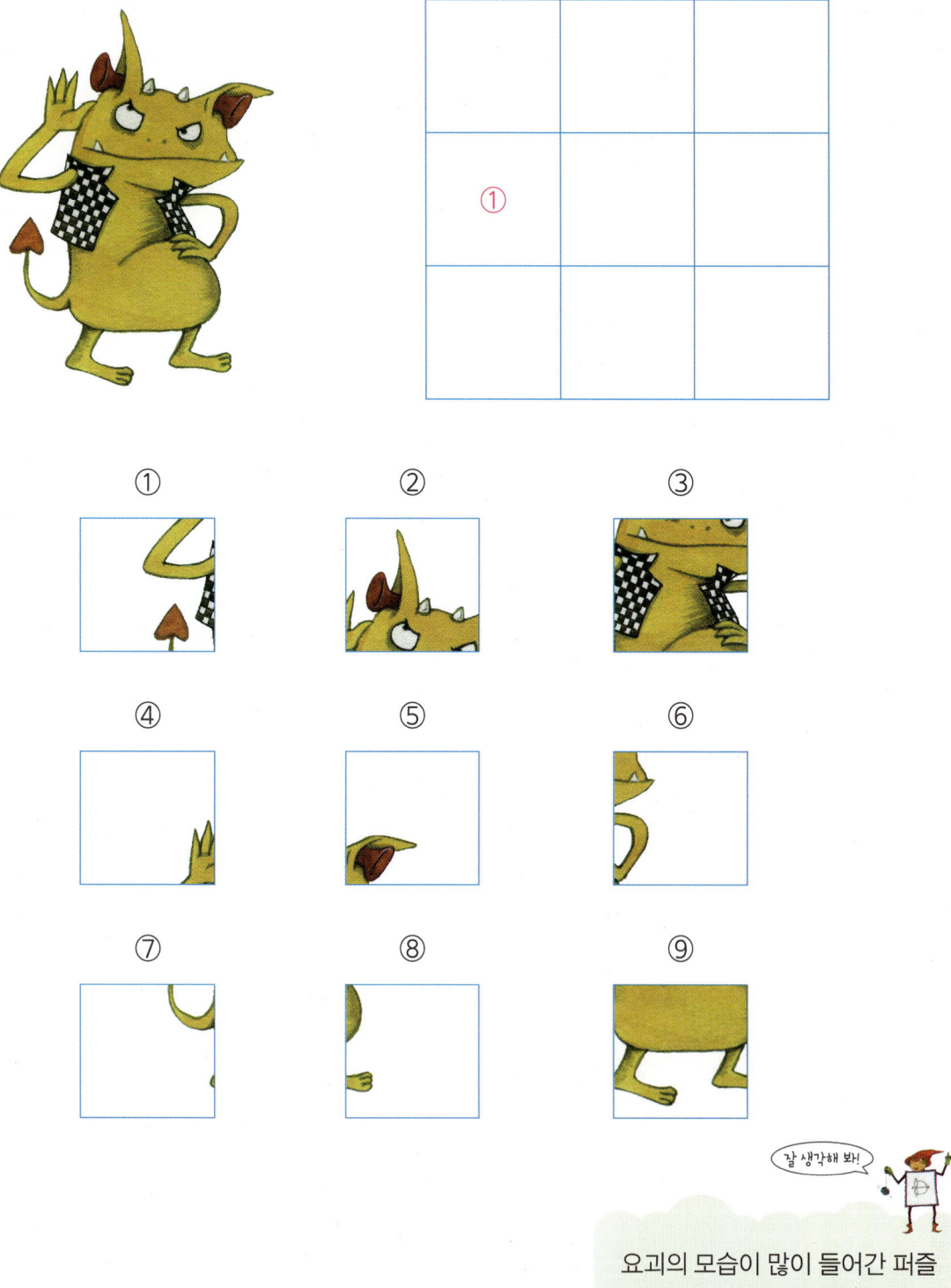

요괴의 모습이 많이 들어간 퍼즐부터 맞추는 것이 더 쉽단다.

잘 생각해 봐!

1 [퍼즐의 위치]

아인이와 지오가 놀이터에서 찍은 사진으로 만든 퍼즐입니다. ☐ 안에 퍼즐 조각의 자리를 찾아 번호를 쓰시오.

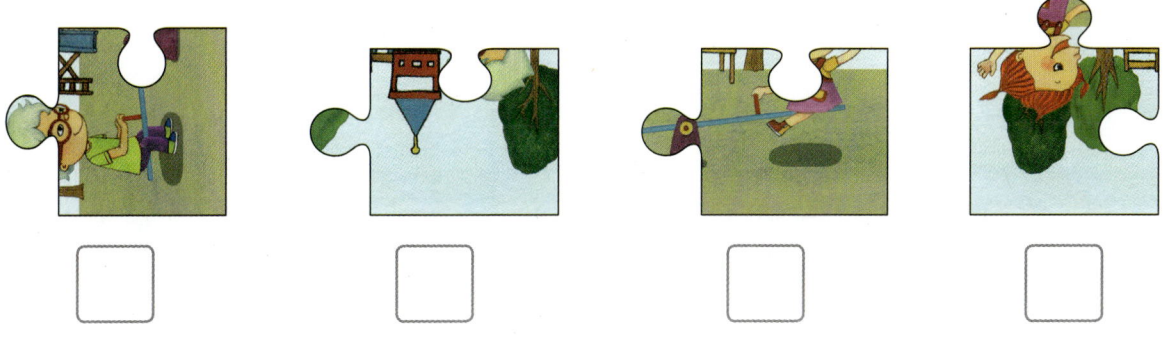

2 [지워진 그림]

꼬마 요괴가 다음 그림의 일부를 지워버렸습니다. 그림의 빈 곳에 들어갈 모양을 고르시오.

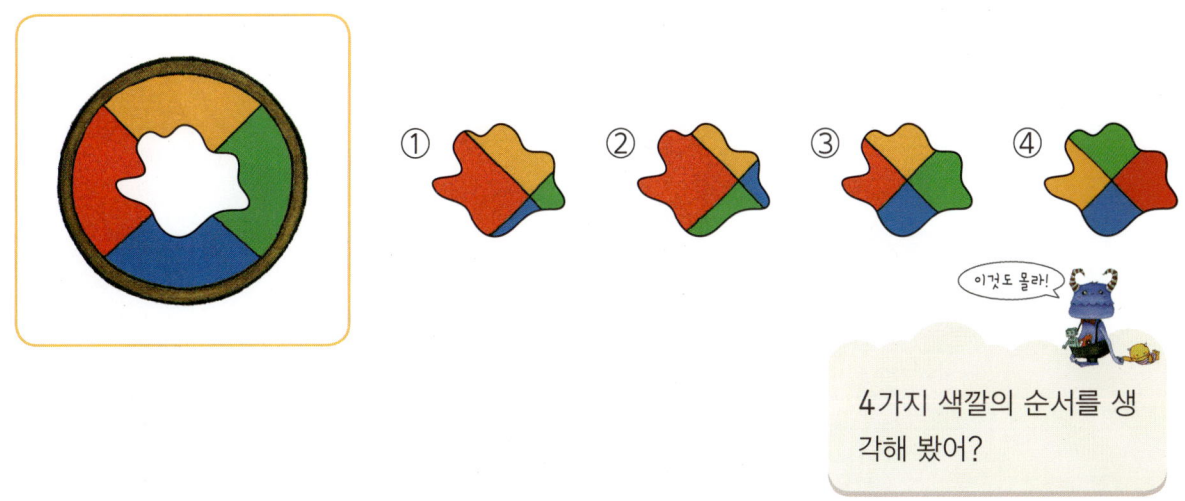

이것도 몰라!

4가지 색깔의 순서를 생각해 봤어?

 # 창의적 문제해결력

1 주어진 모양을 여러 번 사용하여 만든 모양입니다. 만든 방법을 선으로 나타내시오.

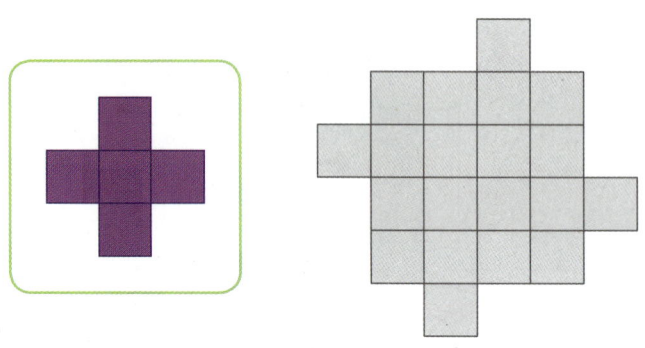

2 주어진 펜토미노 조각을 모두 사용하여 모양을 완성하시오.  준비물 펜토미노

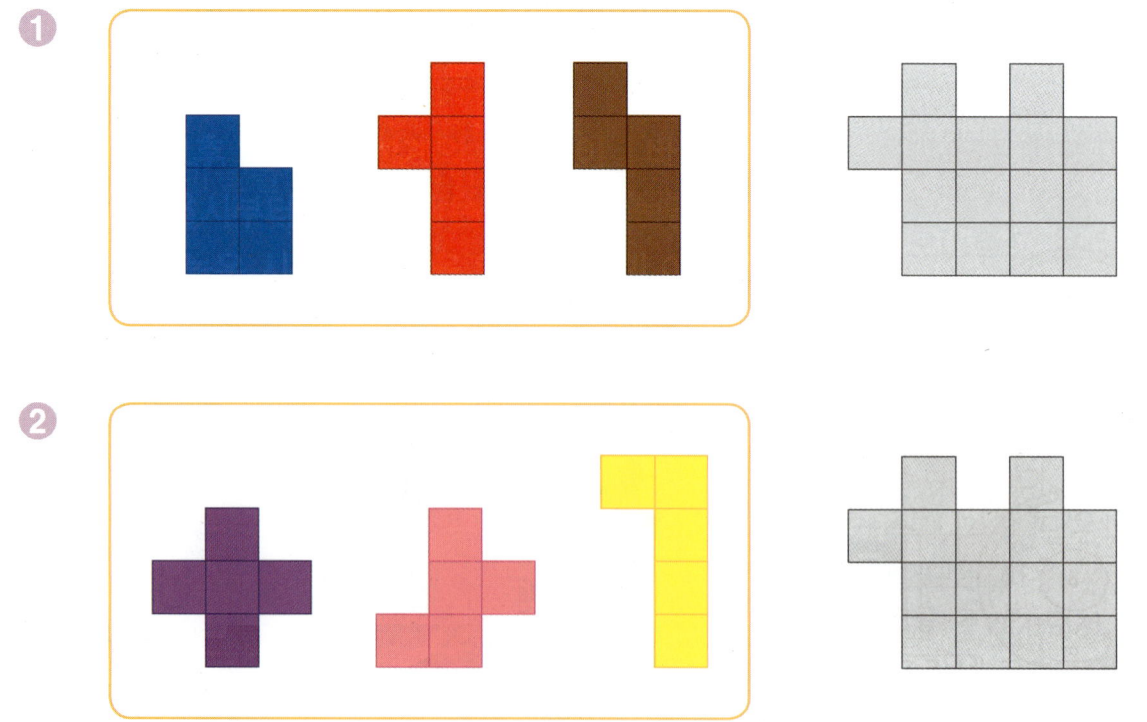

3 펭귄 그림을 잘라 퍼즐 조각을 만들었습니다. 퍼즐 조각이 들어갈 곳의 번호를
☐ 안에 써넣으시오.

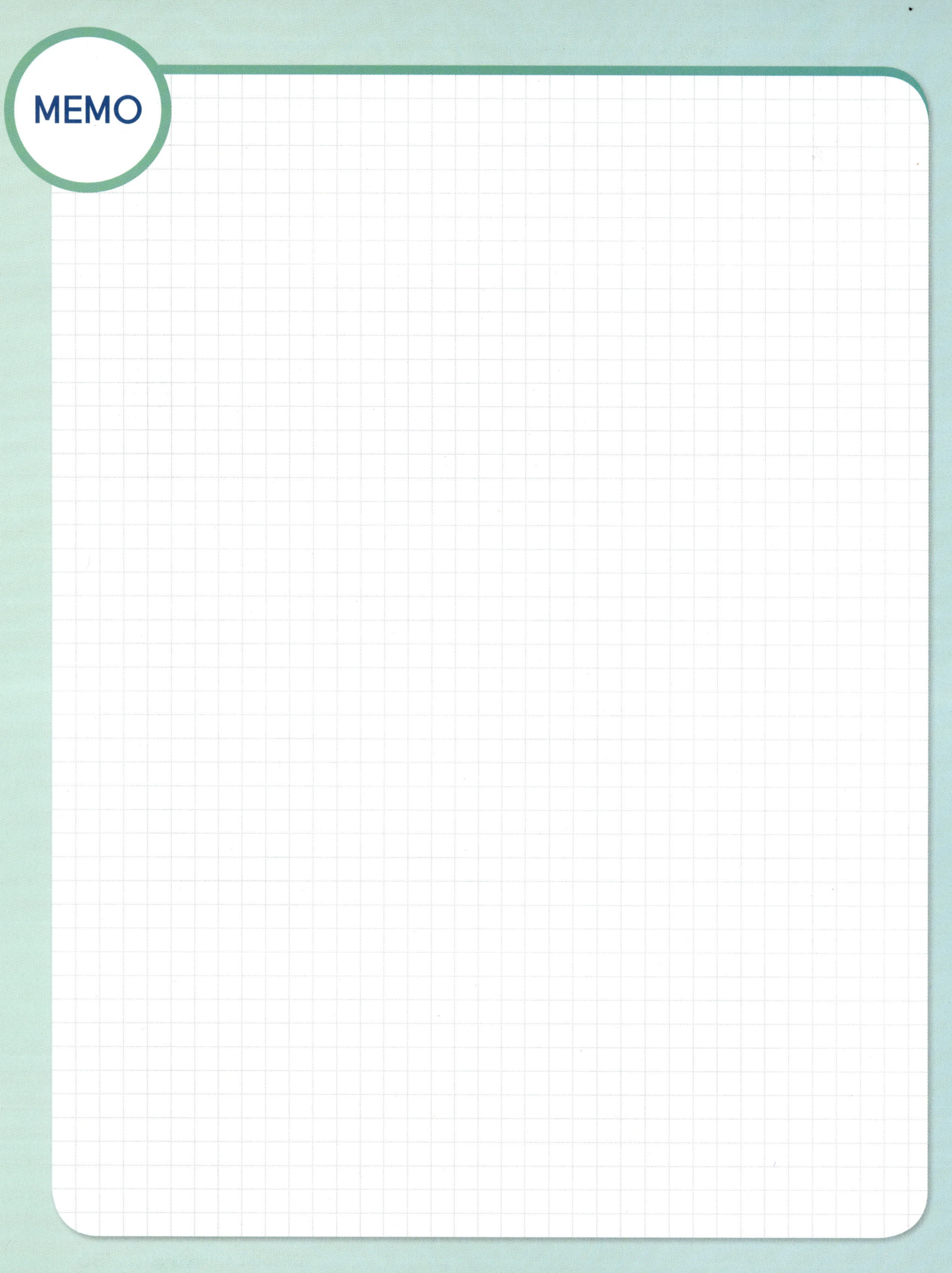

MEMO

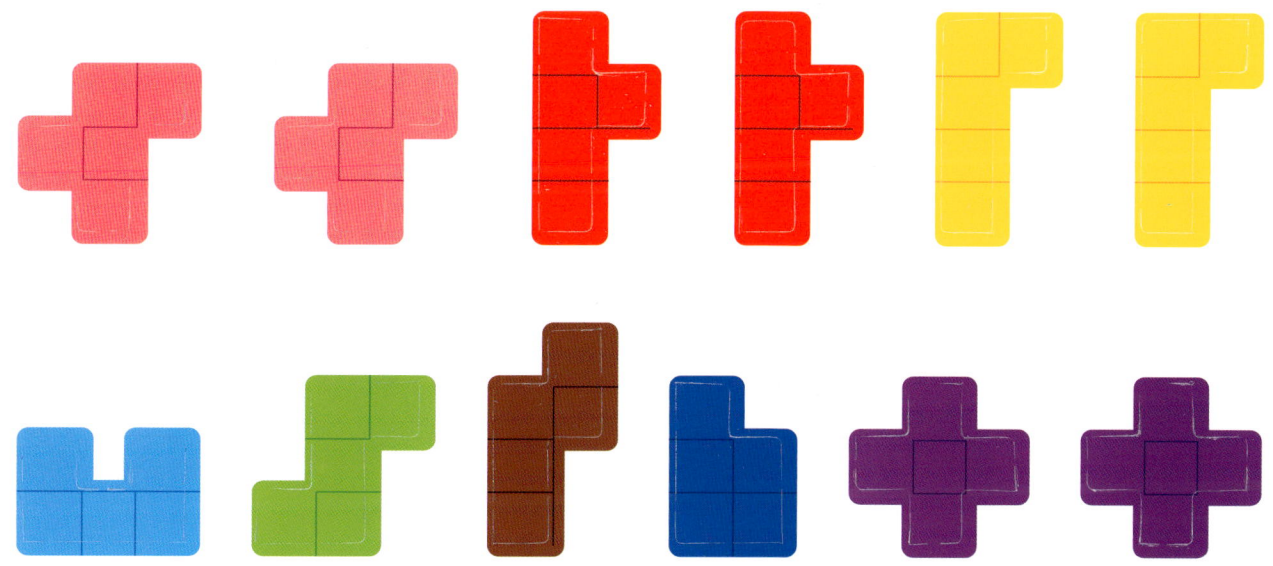

80, 94쪽에 사용하세요.

준비물 펜토미노

83쪽에 사용하세요.

준비물 모양 조각

준비물 패턴블록

57, 58, 59, 60, 62, 63, 64, 65쪽에 사용하세요.

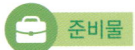

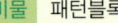

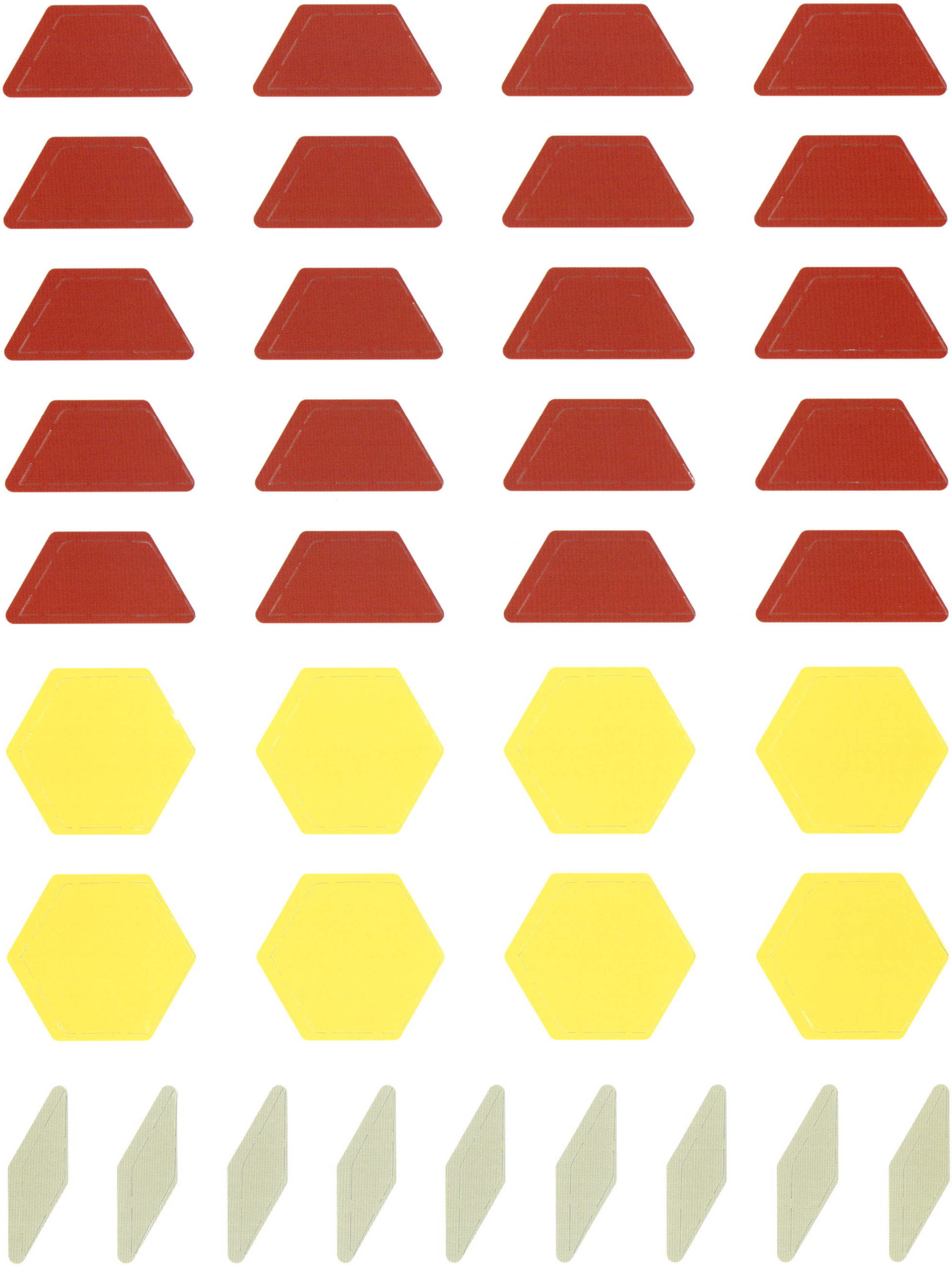

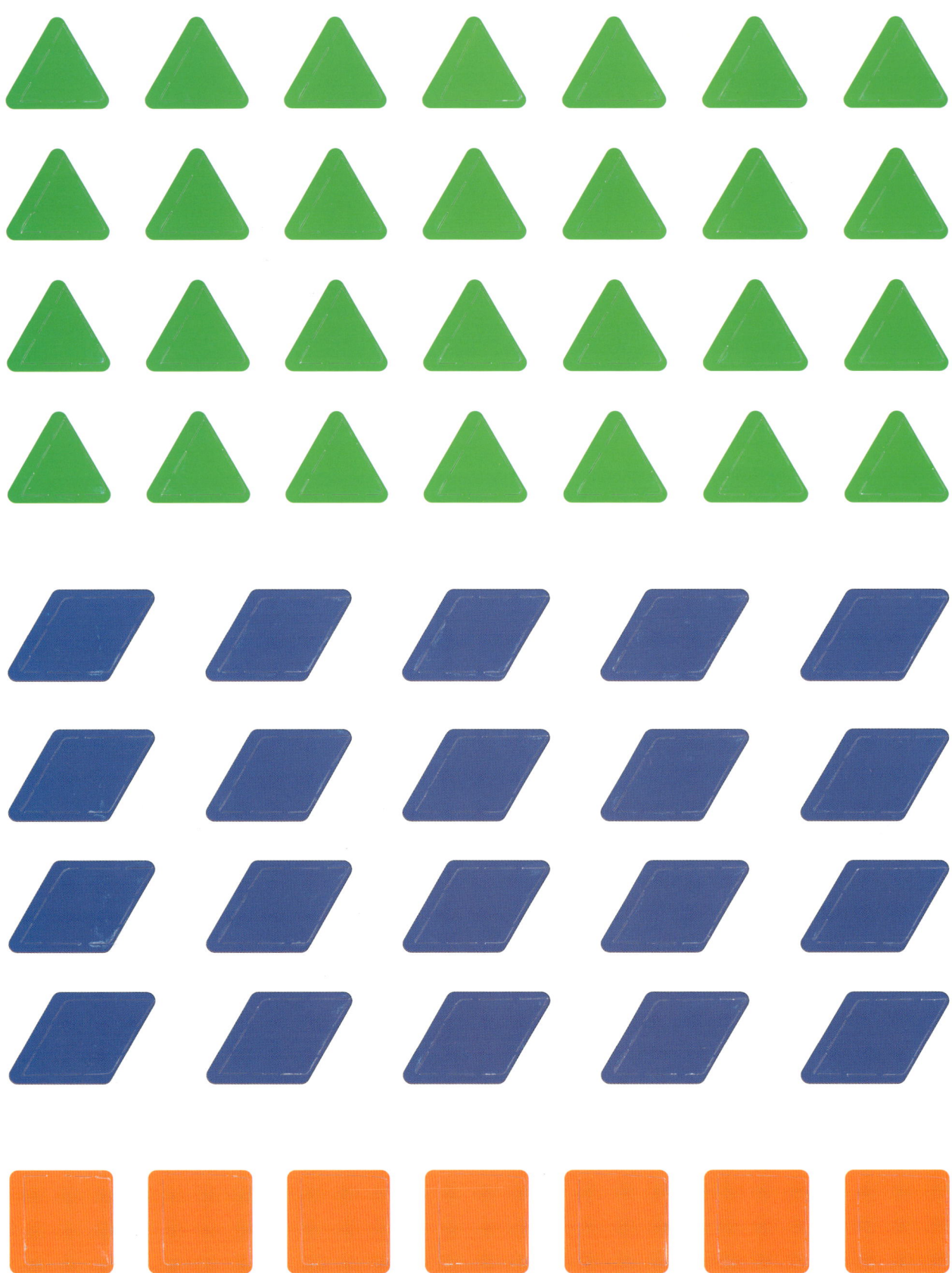

정답및 해설

**평면
도형**

A3
(8~9세)

MEMO

MEMO

MEMO

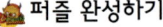 퍼즐 완성하기

딴소리 요괴의 모습을 다음과 같이 9조각의 퍼즐로 만들려고 합니다. 퍼즐을 맞추었을 때 각 칸에 들어갈 조각의 번호를 쓰시오.

④	②	⑤
①	③	⑥
⑦	⑨	⑧

 ① ② ③

 ④ ⑤ ⑥

 ⑦  ⑧ ⑨

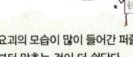

요괴의 모습이 많이 들어간 퍼즐부터 맞추는 것이 더 쉽단다.

[퍼즐의 위치]

1 아인이와 지오가 놀이터에서 찍은 사진으로 만든 퍼즐입니다. ☐ 안에 퍼즐 조각의 자리를 찾아 번호를 쓰시오.

 ③  ①  ④  ②

[지워진 그림]

2 꼬마 요괴가 다음 그림의 일부를 지워버렸습니다. 그림의 빈 곳에 들어갈 모양을 고르시오.　③

 ① ② ③ ④

4가지 색깔의 순서를 생각해 봤어?

창의적 문제해결력

1 주어진 모양을 여러 번 사용하여 만든 모양입니다. 만든 방법을 선으로 나타내시오.

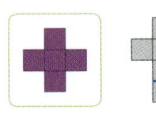

2 주어진 펜토미노 조각을 모두 사용하여 모양을 완성하시오.　준비물 펜토미노

❶  예

❷  예

♀ 동영상 특강
QR 코드를 찍어 보세요!!

3 펭귄 그림을 잘라 퍼즐 조각을 만들었습니다. 퍼즐 조각이 들어갈 곳의 번호를 ☐ 안에 써넣으시오.

정답 및 해설 **21**

12 완성하기

그림의 일부가 지워져 있습니다. 그림을 완성하시오.

여러 가지 답이 나올 수 있습니다. 아이들이 상상력을 발휘할 수 있도록 도와주세요.

무슨 그림인지 모르겠어.

관계있는 퍼즐 조각을 찾아 선으로 이어 보시오.

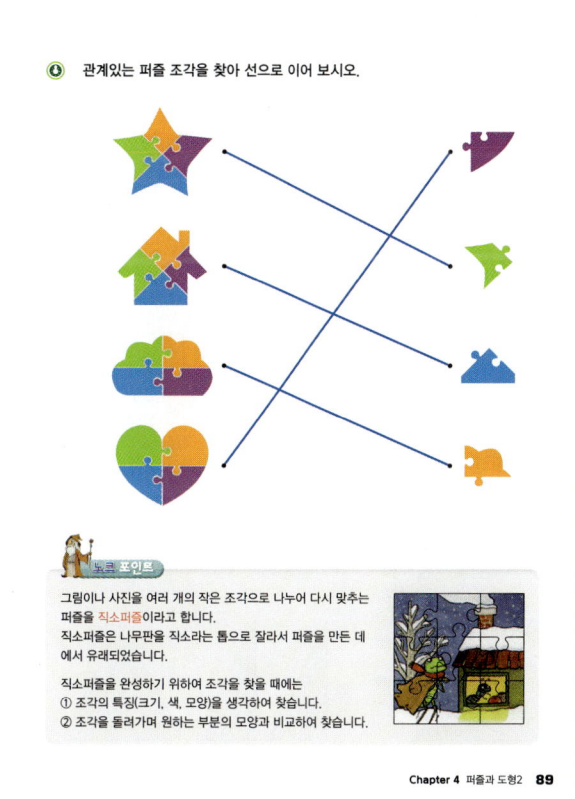

노크 포인트

그림이나 사진을 여러 개의 작은 조각으로 나누어 다시 맞추는 퍼즐을 **직소퍼즐**이라고 합니다.
직소퍼즐은 나무판을 직소라는 톱으로 잘라서 퍼즐을 만든 데에서 유래되었습니다.

직소퍼즐을 완성하기 위하여 조각을 찾을 때에는
① 조각의 특징(크기, 색, 모양)을 생각하여 찾습니다.
② 조각을 돌려가며 원하는 부분의 모양과 비교하여 찾습니다.

퍼즐과 조각

지오는 가족 사진을 퍼즐로 만들었습니다. 다음 중 가족 사진의 퍼즐 조각이 아닌 것을 모두 찾아 기호를 쓰시오. ㉠, ㉢, ㅅ

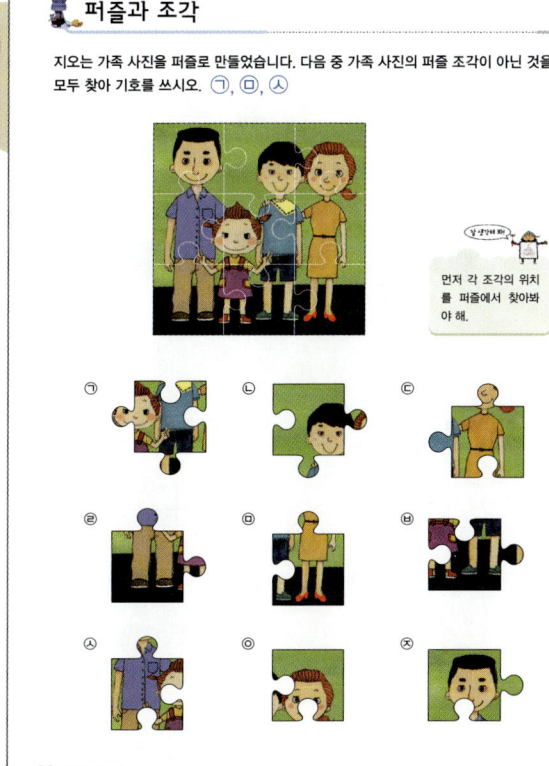

먼저 각 조각의 위치를 퍼즐에서 찾아봐야 해.

[조각과 퍼즐]

1 다음 퍼즐 조각이 나오도록 그림에 자른 선을 그어 보시오.

점을 이어서 그어 보렴.

[필요 없는 조각]

2 다음 퍼즐을 완성하려고 할 때, 필요 없는 조각을 찾아 ✕표 하시오.

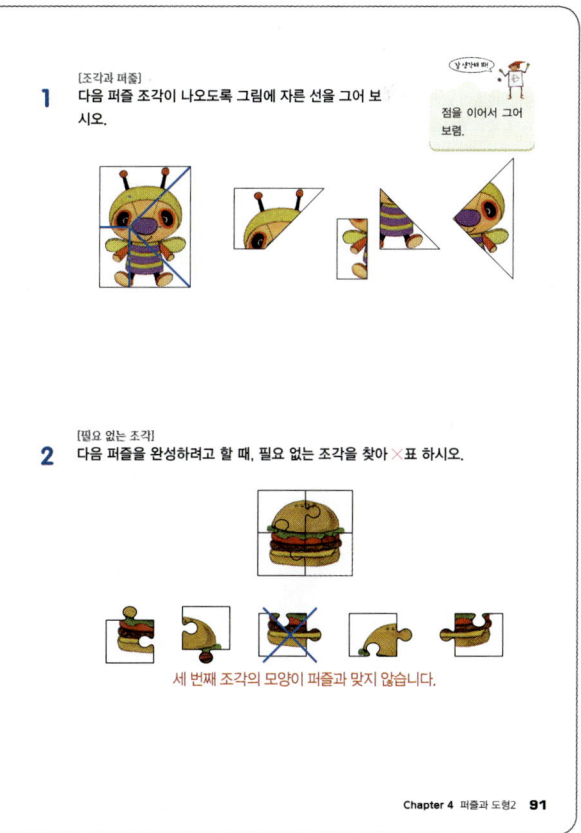

세 번째 조각의 모양이 퍼즐과 맞지 않습니다.

20 A3 평면도형

부분 조각

84
85

태경이는 선을 따라 색종이를 자른 다음, 자른 조각을 늘어놓았습니다. 색종이 위에 자른 선을 나타내어 보시오.

이렇게 잘라 봐야지~

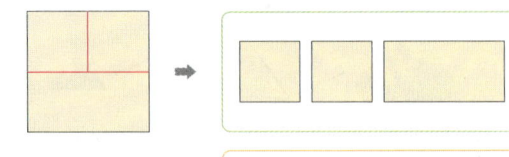

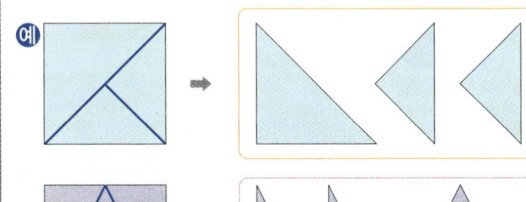

예

여러 가지 답이 있습니다.

84 A3 평면도형

[필요한 조각]

1 주어진 모양을 만드는 데 필요한 조각을 모두 찾아 ○표 하시오.

❶

❷

[색종이]

2 색종이를 잘라 다음과 같이 5조각을 만들었습니다. 색종이 위에 자른 선을 나타내어 보시오.

□모양을 잘 봐. 어떻게 잘라야 할지 알겠니?

잘라서 만들기

86
87

보기 와 같이 빨간색 선을 따라 잘라서 만든 조각 2개를 사용하여 □모양을 만들었습니다. 만든 방법을 선으로 나타내어 보시오.

보기

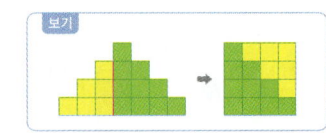

예

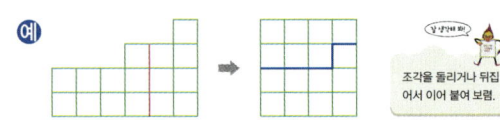

조각을 돌리거나 뒤집어서 이어 붙여 보렴.

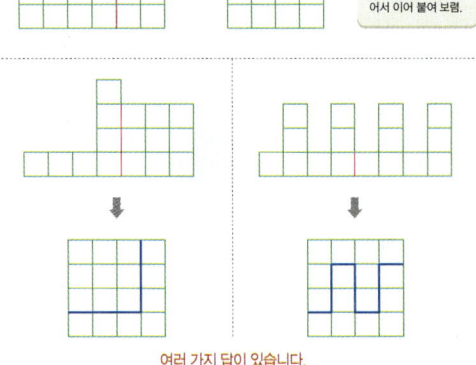

여러 가지 답이 있습니다.

86 A3 평면도형

[악어]

1 악어 그림을 완성하기 위해 필요한 모양을 찾으시오. ③

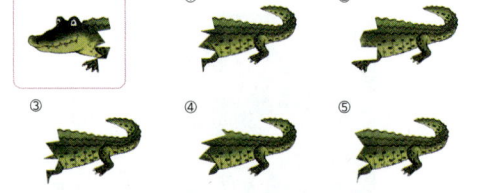

①   ②

③   ④   ⑤

[3조각 붙이기]

2 왼쪽 모양을 선을 따라 잘라서 만든 조각 3개를 사용하여 오른쪽 모양을 만들었습니다. 오른쪽 모양에 자른 선을 나타내어 보시오.

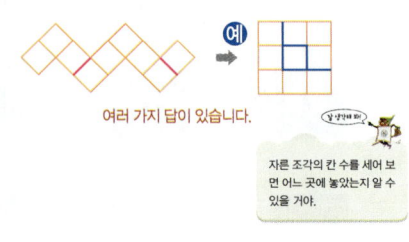 예

여러 가지 답이 있습니다.

자른 조각의 칸 수를 세어 보면 어느 곳에 놓았는지 알 수 있어.

펜토미노 모양 만들기

주어진 펜토미노 조각을 모두 사용하여 사자와 낙타를 만들어 보시오.

나는 사자를 만들었지.

사자

나는 사막에 사는 낙타를 만들었어.

낙타

1 [펜토미노 3조각]

서로 다른 펜토미노 조각을 3개씩 사용하여 똑같은 모양을 만든 것입니다. 만든 방법을 선으로 나타내어 보시오.

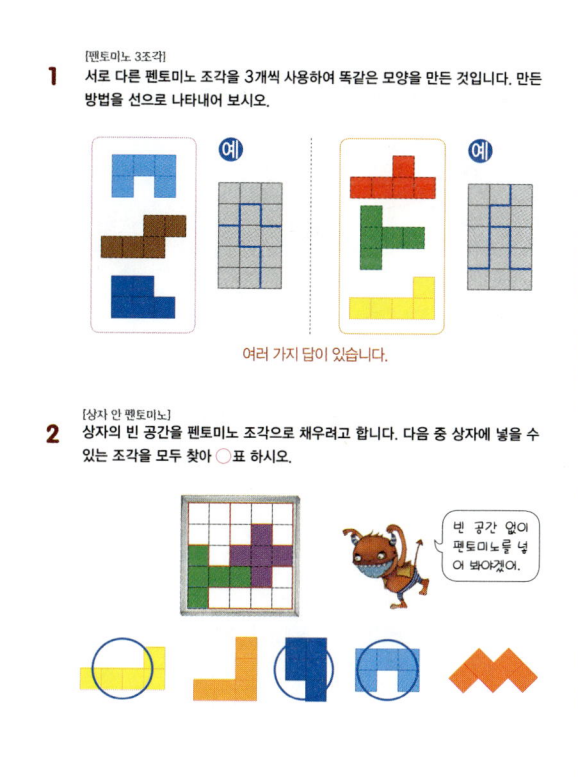

여러 가지 답이 있습니다.

2 [상자 안 펜토미노]

상자의 빈 공간을 펜토미노 조각으로 채우려고 합니다. 다음 중 상자에 넣을 수 있는 조각을 모두 찾아 ○표 하시오.

빈 공간 없이 펜토미노를 넣어 봐야겠어.

11 모양 맞추기

초이와 지오는 방학 숙제로 아침에 해가 뜨는 장면을 물감과 여러 가지 모양 조각을 사용하여 나타냈습니다.

해 또는 우리 집

모양 조각으로 꾸미는 게 정말 재미있어.

모양 조각을 사용해서 다른 것도 꾸며 보자.

초이

지오

주어진 모양 조각을 모두 사용하여 다음 그림을 완성하시오.

똑똑 포인트

▲ 모양과 ■ 모양으로 만든 조각을 사용하여 여러 가지 모양을 만들 수 있습니다.

76
77

10 펜토미노

지오와 초이가 ■ 모양을 이어 붙여 여러 가지 모양을 만들었습니다.

지오

2개 또는 3개를 이어 붙여 만든 모양이야.

2개

3개

초이

4개를 이어 붙여 만든 모양이야.

4개

다음 모양과 초이가 만든 모양을 비교해 보시오.

모양을 돌리거나 뒤집으면 초이가 만든 모양과 같습니다.

● 다음은 ■ 모양 5개를 이어 붙여 만든 펜토미노 조각입니다. 같은 모양의 조각끼리 선으로 이어 보시오.

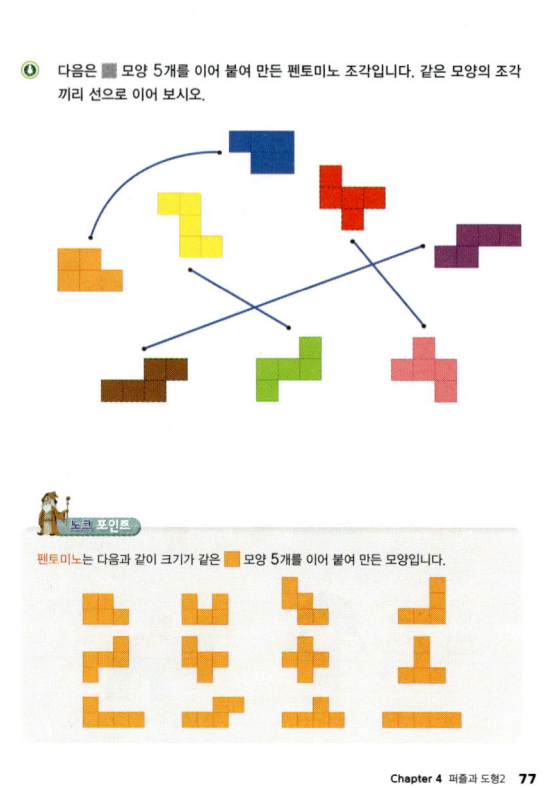

톡톡 포인트

펜토미노는 다음과 같이 크기가 같은 ■ 모양 5개를 이어 붙여 만든 모양입니다.

78
79

펜토미노 2조각

다음은 똑같은 펜토미노 조각 2개를 이어 붙여 만든 모양입니다. 사용한 펜토미노 조각을 찾아 ☐ 안에 알맞은 기호를 써넣으시오.

ㄱ ㄴ ㄷ ㄹ

펜토미노 조각을 돌려 보고, 뒤집어 보면서 만들어 보렴.

ㄷ

ㄴ

ㄹ
또는 ㄱ

ㄱ

[이어 붙인 모양]
1 주어진 펜토미노 조각을 모두 사용하여 만든 모양입니다. 만든 방법을 선으로 나타내어 보시오.

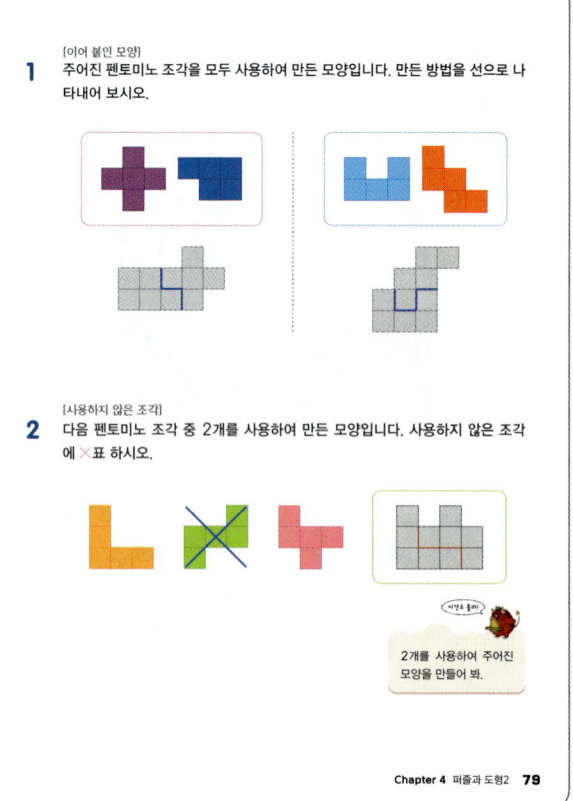

[사용하지 않은 조각]
2 다음 펜토미노 조각 중 2개를 사용하여 만든 모양입니다. 사용하지 않은 조각에 ×표 하시오.

2개를 사용하여 주어진 모양을 만들어 봐.

정답 및 해설 **17**

🦉 모양 만들기2

다음 칠교판의 빨간색 조각을 모두 사용하여 주어진 동물 모양을 완성하시오.

준비물 칠교

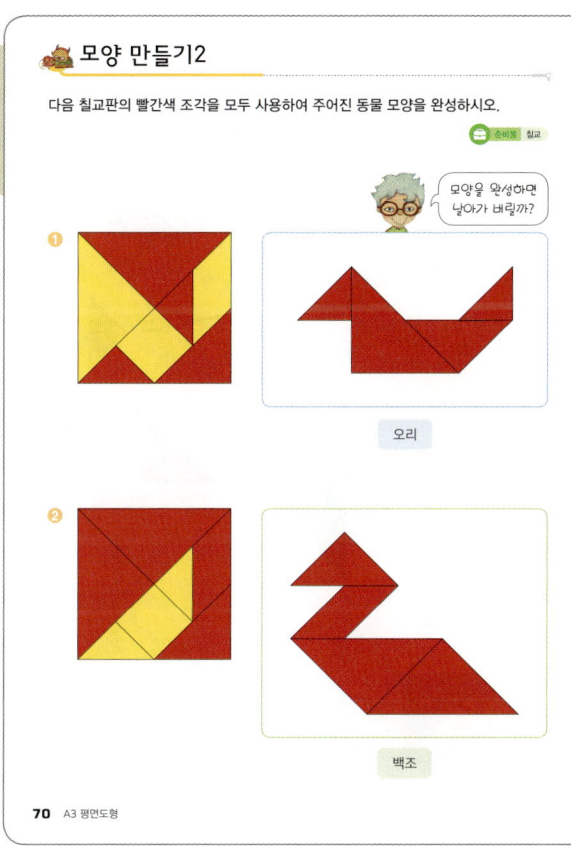

오리

백조

[앉아 있는 사람]

1 칠교 조각 7개를 모두 사용하여 앉아 있는 사람을 만들어 보시오.

준비물 칠교

👧 창의적 문제해결력

1 주어진 블록을 여러 개 사용하여 만들 수 없는 모양은 어느 것입니까? ③

2 패턴블록 조각을 사용하여 다음 모양을 만들려고 합니다. 패턴블록을 가장 적게 사용할 경우 필요한 ▬ 의 개수를 구하시오. (단, ⬡ 은 2개만 사용할 수 있습니다.) 6개

패턴블록 6조각 모양이야.

3 다음은 칠교 조각으로 만든 '춤추는 사람'입니다. 여러분도 칠교 조각을 한 번씩 모두 사용하여 자신만의 모양을 만들고 제목을 지어 보시오.

준비물 칠교 스티커

🎥 동영상 특강
QR 코드를 찍어 보세요!!

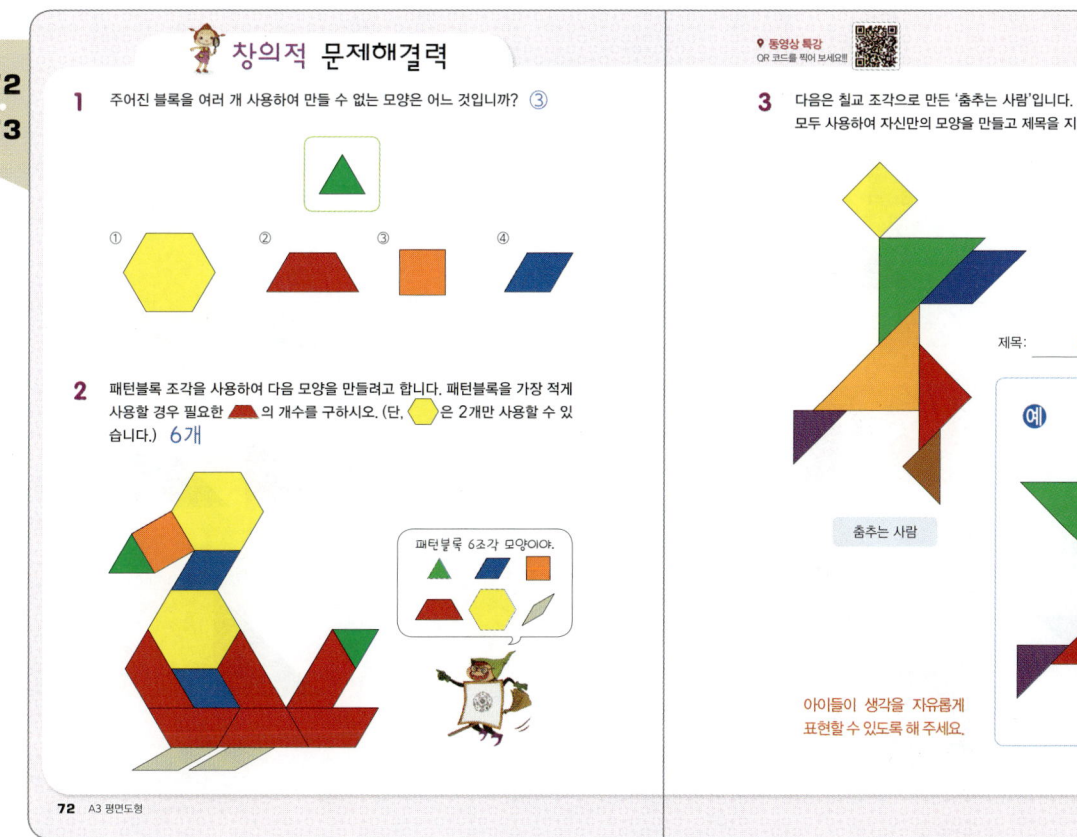

제목: 춤추며 뛰는 사람

춤추는 사람

아이들이 생각을 자유롭게 표현할 수 있도록 해 주세요.

9 칠교

중국에서 처음 시작된 칠교 놀이는 다음과 같은 칠교 7조각을 사용하여 여러 가지 재미있는 모양을 만드는 것입니다. 칠교 조각들을 살펴보고 조각들의 특징을 이야기해 봅시다.

모양은 같은데 크기가 다른 조각도 있어.

똑같은 모양 조각이 있어!

□은 1개밖에 없어.

▲을 2개 붙이면 □을 만들 수 있어.

친구들이 찾아낸 특징 외에 다른 특징들을 찾아보렴.

칠교 조각 중 모양과 크기가 모두 같은 조각을 찾아 선으로 이어 보시오.

노트 포인트

칠교에는 모양이 같은 조각, 크기가 같은 조각, 모양과 크기가 모두 같은 조각이 있습니다.

① 모양이 같은 조각: ㉠, ㉡, ㉣, ㉺, ㉻
② 크기가 같은 조각: ㉠과 ㉡, ㉢과 ㉻과 ㉻, ㉣과 ㉺
③ 모양과 크기가 모두 같은 조각: ㉠과 ㉡, ㉣과 ㉺

모양 만들기1

주어진 칠교 조각을 모두 사용하여 다음 모양을 만들어 보시오.

코너북 칠교

예

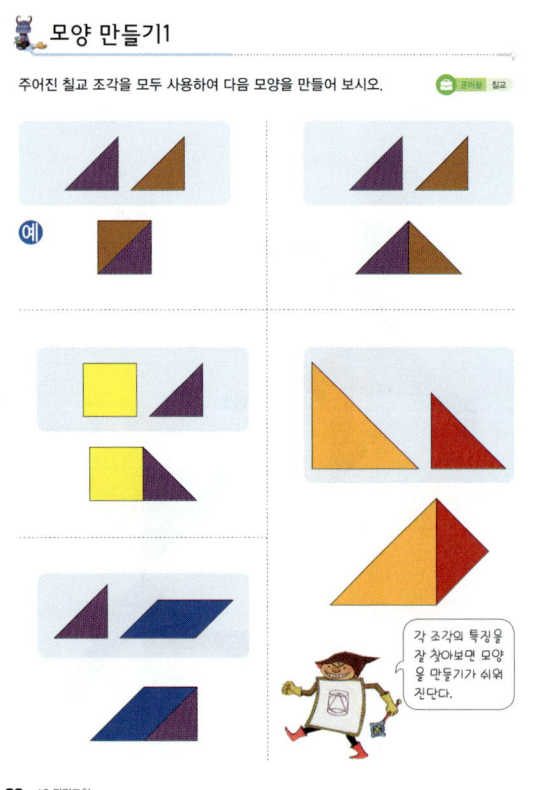

각 조각의 특징을 잘 찾아보면 모양을 만들기가 쉬워 진단다.

[자르기]

1 왼쪽 종이를 잘라서 오른쪽 칠교 조각을 만들려고 합니다. 어떻게 잘라야 하는지 자르는 선을 나타내시오.

예

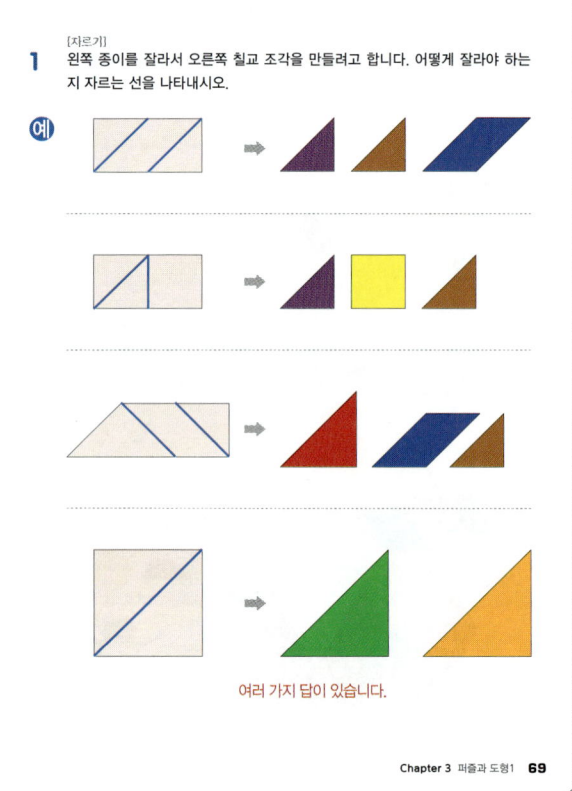

여러 가지 답이 있습니다.

정답 및 해설   **15**

필요한 조각의 개수

정해진 개수의 패턴블록 조각을 사용하여 ⬟ 모양을 만들어 보시오. (단, 조각의 개수가 같은 경우 사용하는 패턴블록의 종류가 다르도록 만듭니다.)

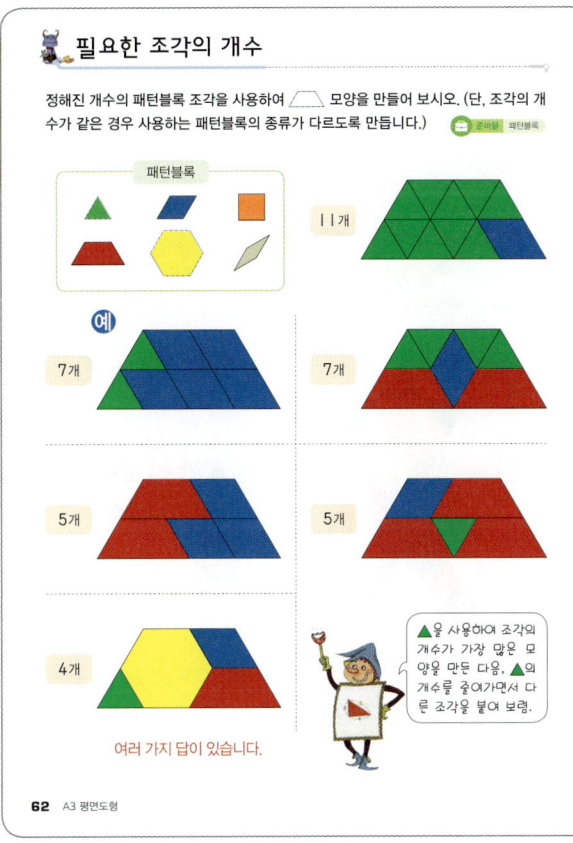

패턴블록

11개

예 7개   7개

5개   5개

4개

여러 가지 답이 있습니다.

▲을 사용하여 조각의 개수가 가장 많은 모양을 만든 다음, ▲의 개수를 줄여가면서 다른 조각을 붙여 보렴.

[재미있는 모양]

1 정해진 개수만큼의 패턴블록 조각을 사용하여 다음 모양을 만들어 보시오.

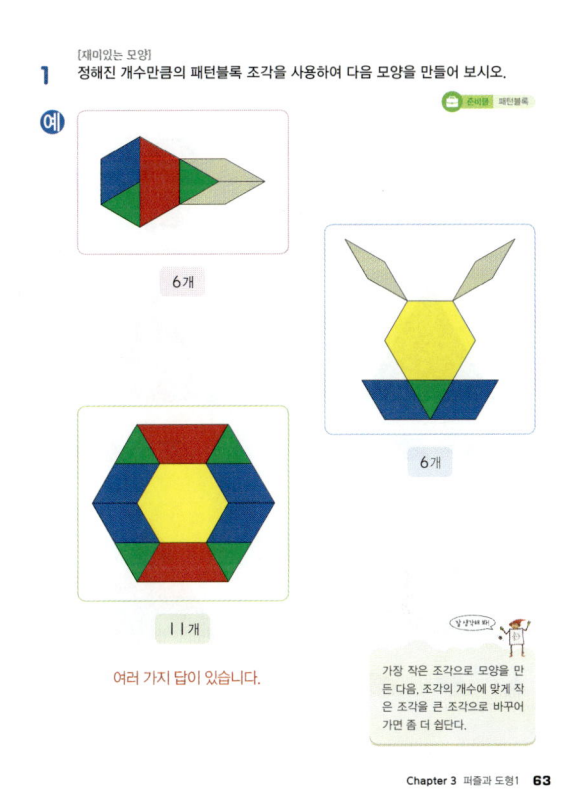

예 6개

6개

11개

여러 가지 답이 있습니다.

가장 작은 조각으로 모양을 만든 다음, 조각의 개수에 맞게 작은 조각을 큰 조각으로 바꾸어 가면 좀 더 쉽단다.

가장 적게, 가장 많게

태경이는 패턴블록을 가장 많이 사용하고, 지오는 패턴블록을 가장 적게 사용하여 다음 모양을 만들려고 합니다. 두 사람에게 필요한 패턴블록의 개수를 각각 구하시오.

조각을 가장 많이 사용할 거야.

나는 조각을 가장 적게 사용해서 만들 거야.

태경   지오

❶ 작은 조각을 많이 사용할수록 필요한 조각의 개수가 많아집니다. 위 모양을 ▲으로 모두 덮는 경우 필요한 조각의 개수를 구하시오. **40개**

❷ 큰 조각을 많이 사용할수록 필요한 조각의 개수가 적어집니다. 패턴블록을 가장 적게 사용하여 위 모양을 덮어 보시오.

❸ 태경이와 지오에게 필요한 패턴블록의 개수를 각각 구하시오.
태경 40개, 지오 9개

[가장 적게, 가장 많게]

1 다음 모양을 패턴블록을 가장 적게 사용하여 만들 경우와 가장 많이 사용하여 만들 경우 필요한 조각의 개수를 각각 구하시오.

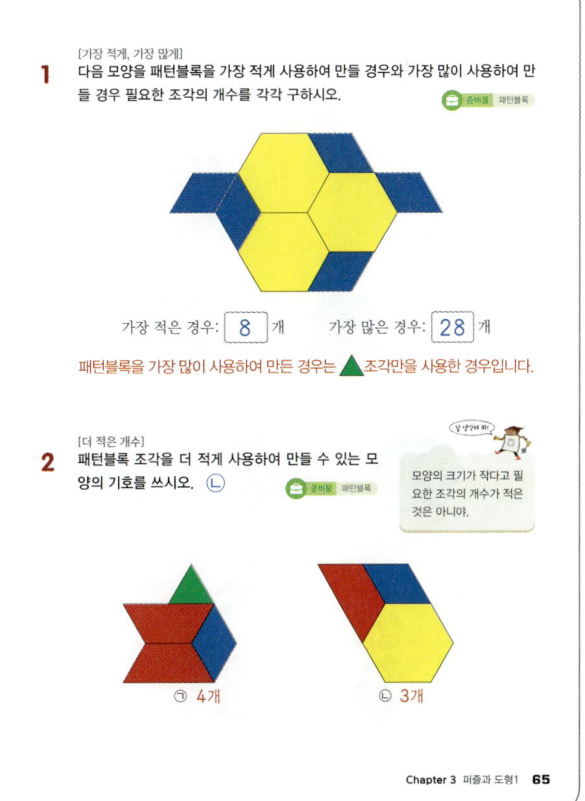

가장 적은 경우: **8** 개   가장 많은 경우: **28** 개

패턴블록을 가장 많이 사용하여 만든 경우는 ▲조각만을 사용한 경우입니다.

2 패턴블록 조각을 더 적게 사용하여 만들 수 있는 모양의 기호를 쓰시오. **㉡**

모양의 크기가 작다고 필요한 조각의 개수가 적은 것은 아니야.

㉠ 4개   ㉡ 3개

14 A3 평면도형

🐻 모양 만들기

58 • 59

초이와 같이 주어진 패턴블록을 모두 사용하여 △모양을 만들어 보시오.

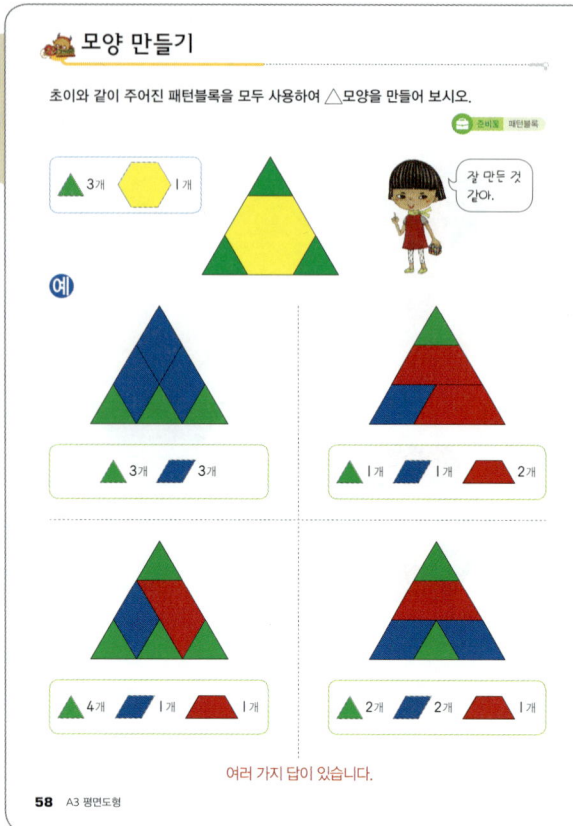

예

여러 가지 답이 있습니다.

[모양 만들기]

1 주어진 패턴블록 조각을 모두 사용하여 다음 모양을 만들어 보시오.

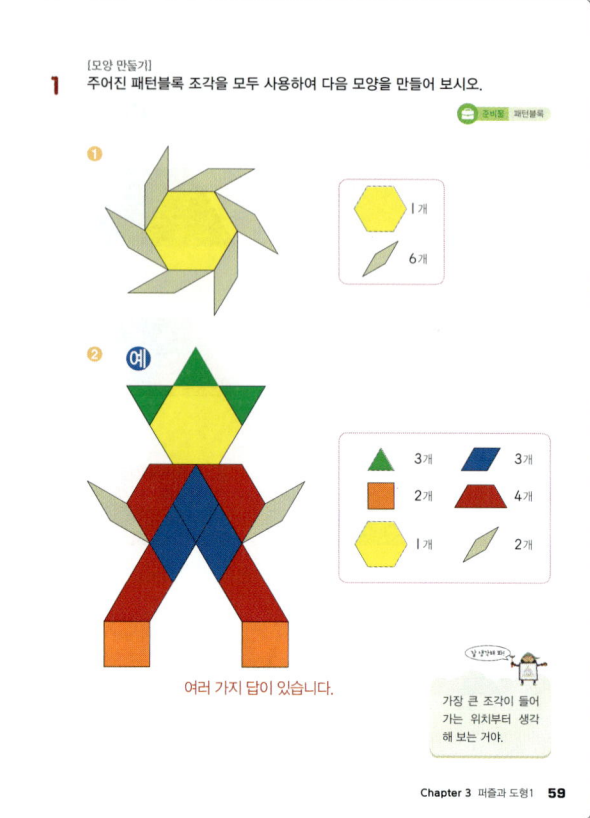

여러 가지 답이 있습니다.

가장 큰 조각이 들어가는 위치부터 생각해 보는 거야.

---

⑧ 패턴블록의 개수

60 • 61

◇모양을 정해진 개수의 패턴블록을 사용하여 빈틈없이 채우려고 합니다. 패턴블록을 사용하여 만들어 보고 선으로 나타내시오.

예

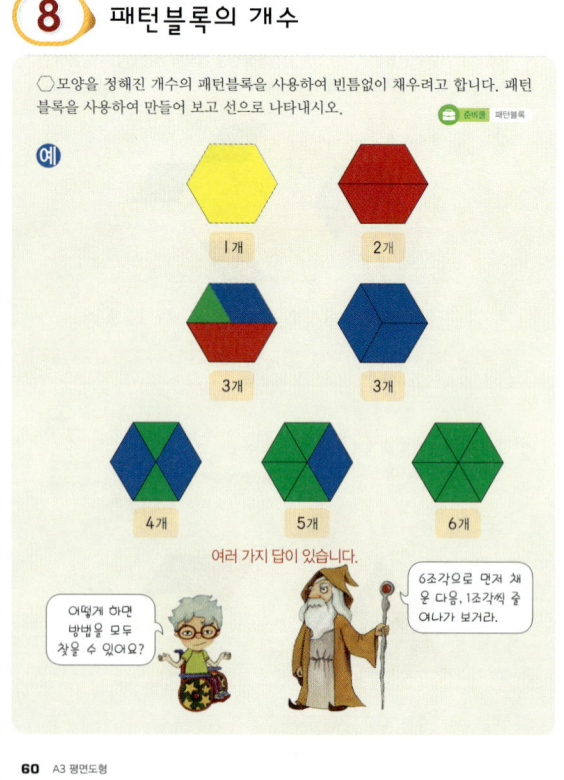

여러 가지 답이 있습니다.

어떻게 하면 방법을 모두 찾을 수 있어요?

6조각으로 먼저 채운 다음, 1조각씩 줄여나가 보거라.

🌀 패턴블록으로 만든 모양을 보고 ☐ 안에 알맞은 수를 써넣으시오.

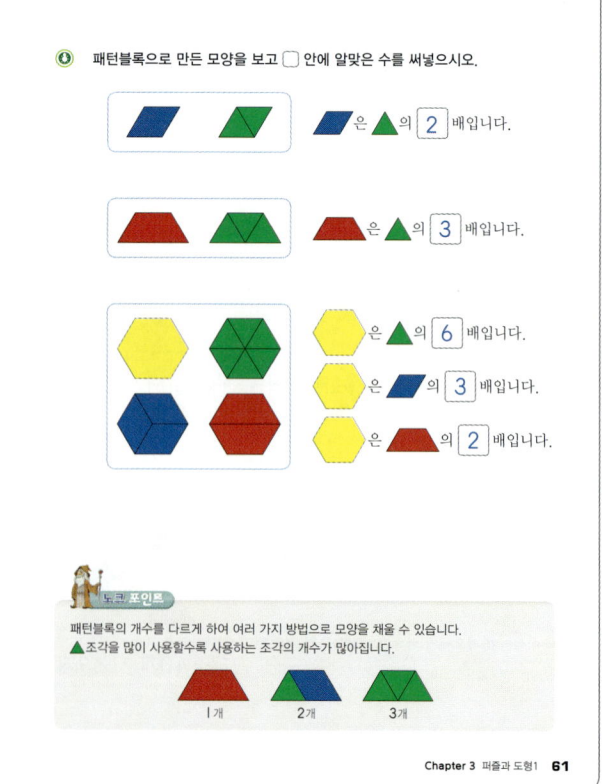

은 ▲의 **2** 배입니다.

은 ▲의 **3** 배입니다.

은 ▲의 **6** 배입니다.

은 의 **3** 배입니다.

은 의 **2** 배입니다.

👴 노른 포인트

패턴블록의 개수를 다르게 하여 여러 가지 방법으로 모양을 채울 수 있습니다.
▲ 조각을 많이 사용할수록 사용하는 조각의 개수가 많아집니다.

1개   2개   3개

정답 및 해설 **13**

퍼즐과 도형1

⑦ 패턴블록 모양 만들기

수학 요정이 패턴블록을 사용하여 만든 모양입니다. 여러분도 수학 요정처럼 패턴블록으로 여러 가지 모양을 만들어 보시오.

패턴블록으로 동물들을 만들어 볼까?

🔵 한 가지 패턴블록을 여러 개 사용하여 주어진 모양을 만들려고 합니다. ☐ 안에 필요한 패턴블록의 개수를 쓰시오.

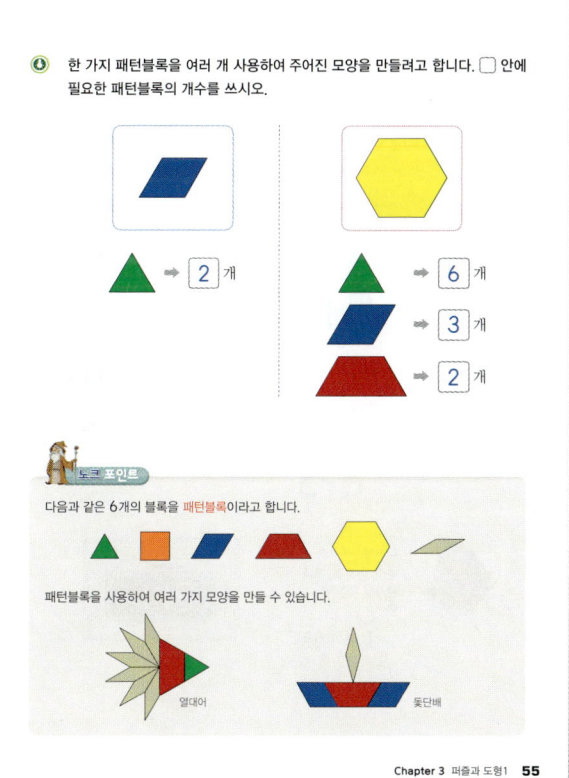

토크 포인트

다음과 같은 6개의 블록을 패턴블록이라고 합니다.

패턴블록을 사용하여 여러 가지 모양을 만들 수 있습니다.

열대어   똇단배

조각 찾기

선을 따라 자르면 여러 가지 패턴블록 조각들이 나옵니다. 보기 와 같이 패턴블록 조각들을 보고 자른 선을 나타내시오.

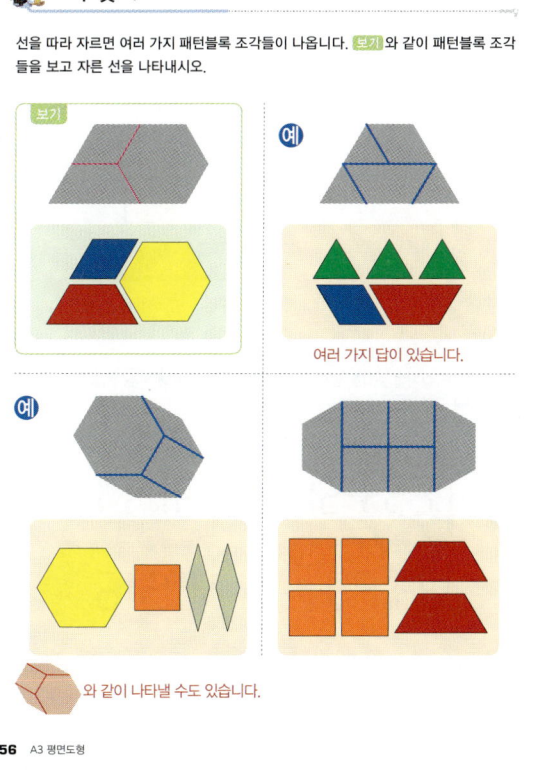

보기

예

여러 가지 답이 있습니다.

예

와 같이 나타낼 수도 있습니다.

[필요한 조각]

1 주어진 모양을 만드는 데 필요한 패턴블록 2조각을 찾아 ○표 하시오.

[필요하지 않은 조각]

2 여러 가지 패턴블록 조각을 여러 개 사용하여 고양이를 만들었습니다. 사용할 수 없는 조각을 모두 찾아 ✕표 하시오.

사용한 패턴블록을 먼저 찾는 게 쉽지.

고양이

거울에 비친 숫자, 글자

디지털 숫자를 보고 요괴들이 내는 문제를 해결해 보시오.

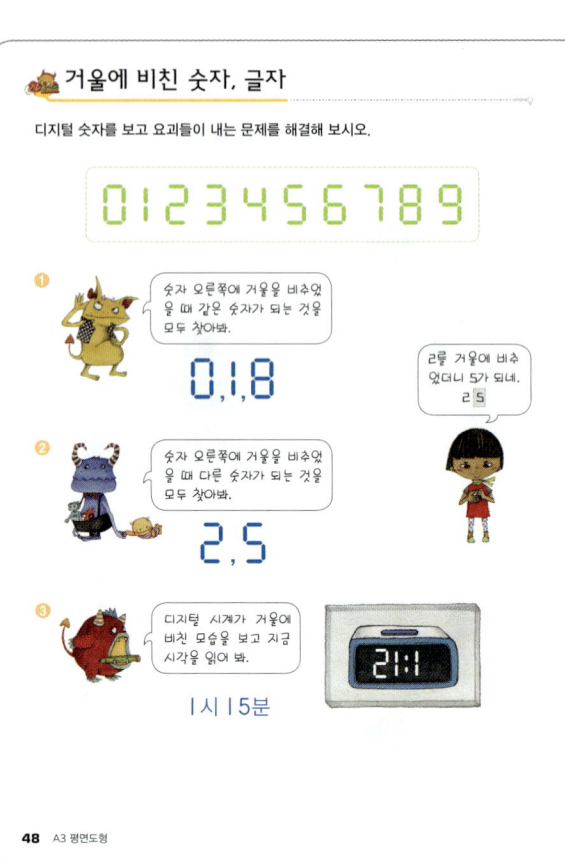

❶ 숫자 오른쪽에 거울을 비추었을 때 같은 숫자가 되는 것을 모두 찾아봐.

0, 1, 8

❷ 숫자 오른쪽에 거울을 비추었을 때 다른 숫자가 되는 것을 모두 찾아봐.

2, 5

2를 거울에 비추었더니 5가 되네. 2, 5

❸ 디지털 시계가 거울에 비친 모습을 보고 지금 시각을 읽어 봐.

1시 15분

[도장]

1 다음 도장을 찍었을 때 나오는 모양을 그려 보시오.

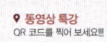 → 가

도장을 찍은 모양과 거울에 비친 모양이 같다는 사실을 알고 있니?

[생신 축하 편지]

2 다음은 태돌이가 할머니께 쓴 편지를 거울에 비춘 것입니다. 할머니의 연세는 몇 세입니까? 69세

창의적 문제해결력

1 다음과 같이 종이에 물감을 바르고 ①번 선을 따라 접었다 펼친 다음, 다시 ②번 선을 따라 접었다 펼쳤습니다. 종이에 나타난 그림을 그려 보시오.

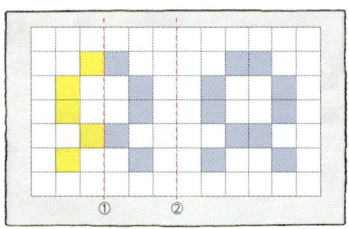

2 다음 점선 위에 거울을 놓고 화살표 방향에서 보았을 때, 거울에 비치는 모양을 고르시오. ③

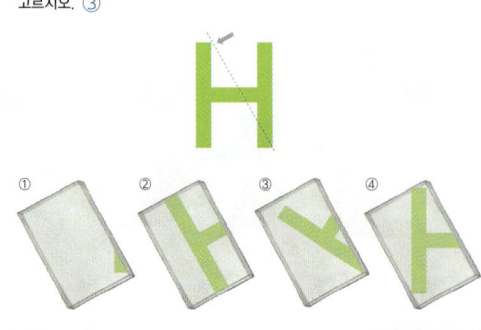

3 마법 세계에 있는 신기한 거울은 거울에 비친 모양의 길이를 반으로 줄여서 보여 준다고 합니다. 거울에 알맞은 모양을 그려 보시오.

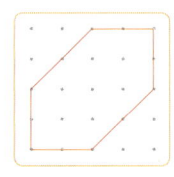 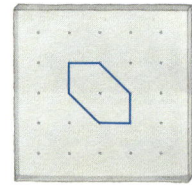

4 다음은 디지털 숫자로 만든 덧셈식과 뺄셈식을 거울에 비춘 것입니다. 계산 결과를 구하시오.

❶ 35
12+23 =35

❷ 31
47-16 =31

🎥 동영상 특강
QR 코드를 찍어 보세요!

정답 및 해설 **11**

6 거울에 비친 모양

아인이와 딴소리 요괴, 지오가 거울에 모습을 비추어 보고 있습니다. 거울에 비친 모습이 잘못된 거울을 찾고, 그렇게 생각한 이유를 이야기해 봅시다.

아인이가 비친 거울이 잘 못되었습니다. 거울 밖과 거울 속에서 들고 있는 손 이 바뀌었습니다.

다음과 같이 거울을 놓았을 때, 거울에 비친 모습을 찾아 선으로 이어 보시오.

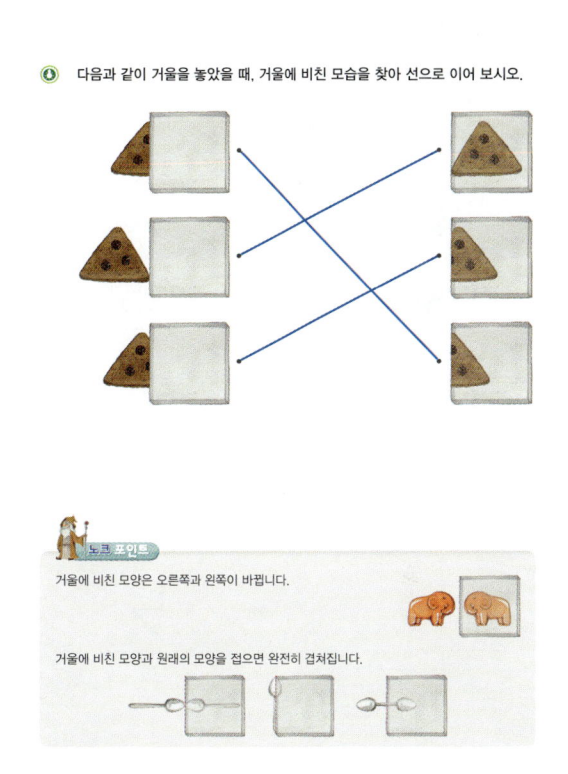

노크 포인트

거울에 비친 모양은 오른쪽과 왼쪽이 바뀝니다.

거울에 비친 모양과 원래의 모양을 접으면 완전히 겹쳐집니다.

거울에 비친 모양

다음 모양이 거울에 비친 모양을 그려 봅시다.

생연필을 준비 해서 예쁘게 칠 해야지.

❶ 주어진 모양의 아래에 점선에서 가장 가까운 줄부터 l, 2, 3, 4를 쓰시오.

❷ 주어진 모양의 l번 줄의 모양을 거울 속 모양의 l번 줄에 그려 보시오.

❸ 주어진 모양의 2, 3, 4번 줄의 모양을 차례로 거울 속 모양의 같은 번호의 줄에 그려 거울에 비친 모양 을 완성하시오.

거울에 비친 모양을 그 릴 때는, 거울에 가장 가 까운 부분부터 그리는 게 쉽다는 거 알렸지?

[거울 속 그리기]

1 거울에 비친 모양을 그려 보시오.

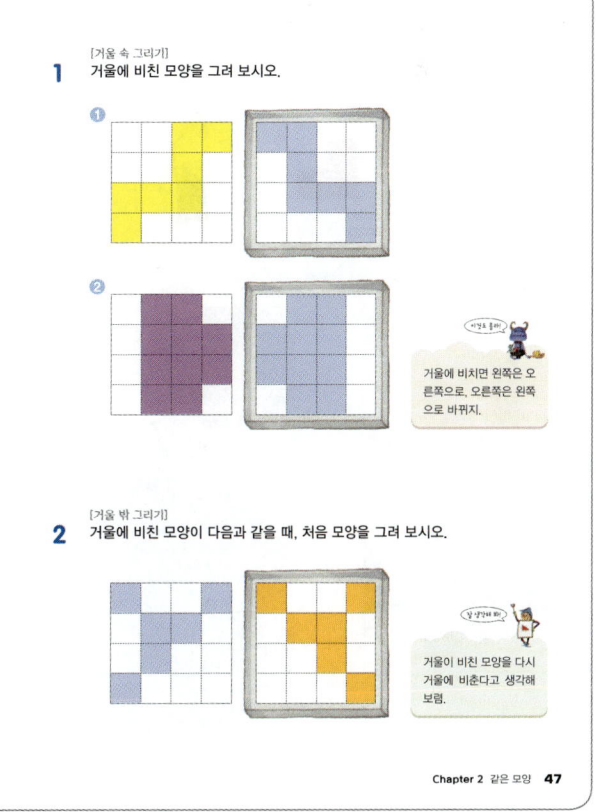

거울에 비치면 왼쪽은 오 른쪽으로, 오른쪽은 왼쪽 으로 바뀌지.

[거울 밖 그리기]

2 거울에 비친 모양이 다음과 같을 때, 처음 모양을 그려 보시오.

거울이 비친 모양을 다시 거울에 비춘다고 생각해 보렴.

10 A3 평면도형

닮은 모양

아인이는 주어진 모양의 길이를 반으로 줄여서 그려 보았습니다. 아인이와 같이 길이를 반으로 줄인 모양을 완성하여 보시오.

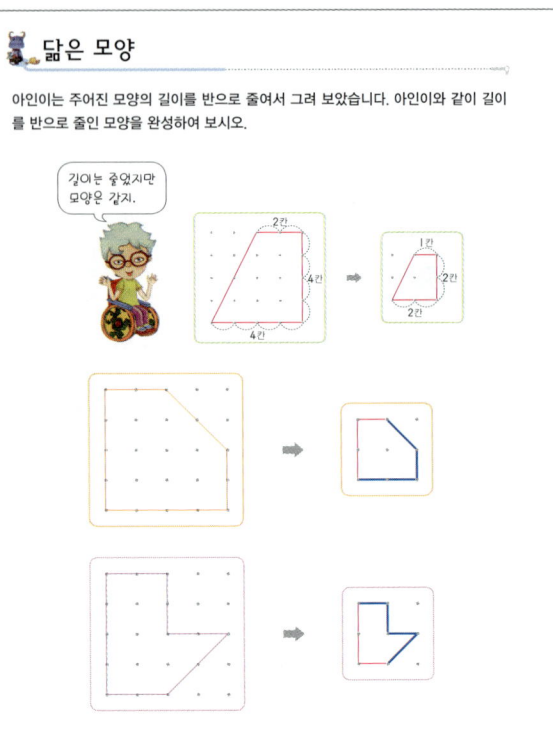

[같은 모양, 다른 크기]

1 주어진 모양의 길이를 반으로 줄인 모양과 2배로 늘린 모양을 각각 그려 보시오.

길이를 반으로 줄여라.

길이를 2배로 늘려라.

길이가 2칸일 때 반으로 줄이면 1칸이 되고, 2배로 늘리면 4칸이 되는 거야.

크게, 작게

대마법사 멀린이 주문을 외치면 모양의 길이가 2배씩 늘어납니다.

크게 되어라!

멀린의 주문에 따라 모양을 그려 보시오.

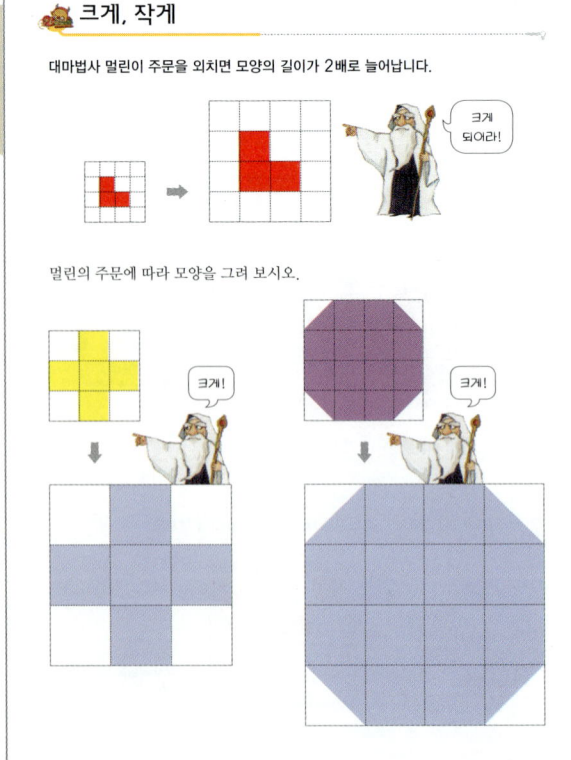

크게!

크게!

[작게, 더 작게]

1 길이를 반씩 줄여서 닮은 그림을 그려 보시오.

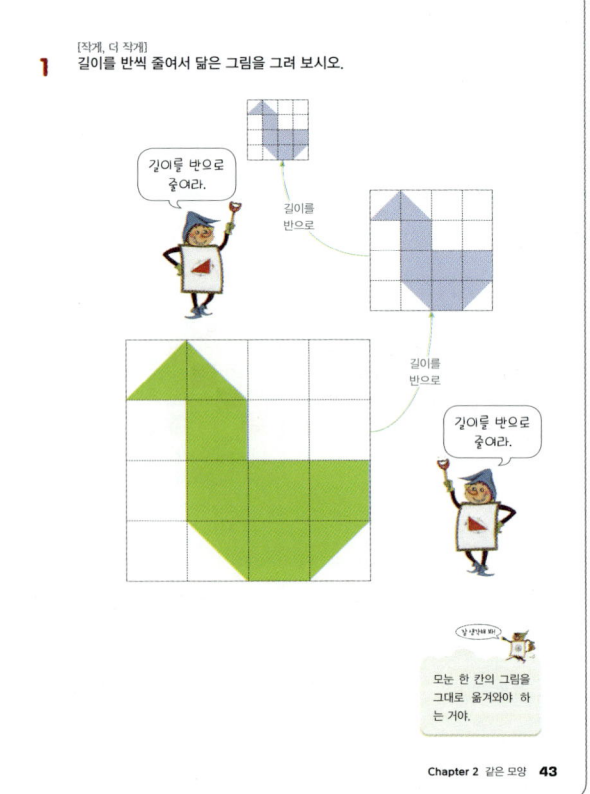

길이를 반으로 줄여라.

길이를 반으로

길이를 반으로

길이를 반으로 줄여라.

모눈 한 칸의 그림을 그대로 옮겨와야 하는 거야.

🦉 접는 선

같은 모양을 점선을 따라 다른 방법으로 접은 것입니다.

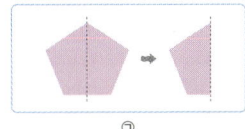 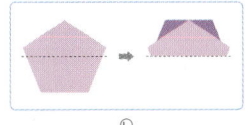

ㄱ   ㄴ

다음 중 점선을 따라 접었을 때 ㄱ과 같이 완전히 겹쳐지는 것을 모두 찾아 ◯표 하시오.

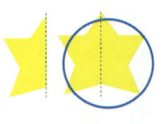 

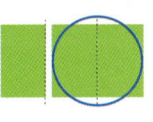 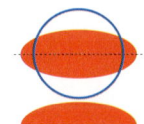 

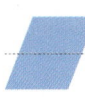 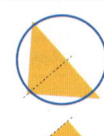 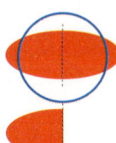

[접는 선]

1 다음 모양이 완전히 겹쳐지도록 접을 수 있는 선을 그어 보시오.

   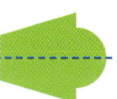

[모두 긋기]

2 ◯모양을 사용하여 여러 가지 모양을 만들었습니다. 다음 모양이 완전히 겹쳐지도록 접을 수 있는 선을 모두 그어 보시오.

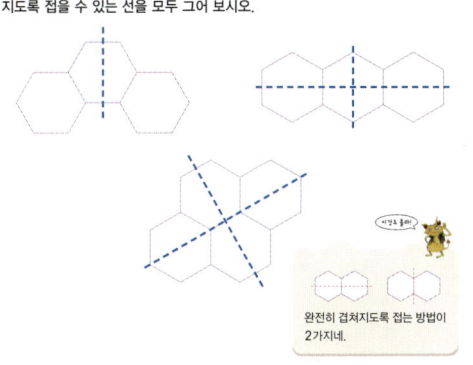

완전히 겹쳐지도록 접는 방법이 2가지네.

⑤ 닮음

다음 그림에서 모양은 같고 크기는 다른 것을 모두 찾아 ◯표 하시오.

개구리 사진을 찍어야지.

안녕!

너도 산책 나왔니?

🌀 다음 모양을 4개 사용하여 닮은 모양을 만들어 보시오.

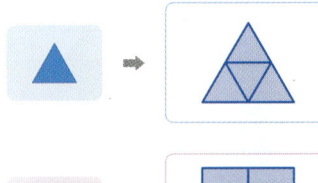

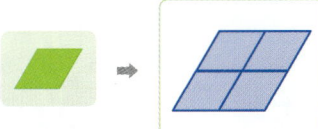

🐢 노크 포인트

크기와 관계없이 모양이 같은 도형을 **닮은 도형**이라고 합니다.

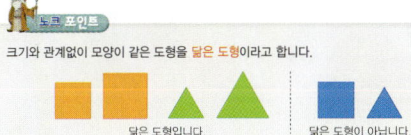

닮은 도형입니다.   닮은 도형이 아닙니다.

④ 대칭

지오는 종이 위에 물감을 바른 다음 종이를 반으로 접었다가 펼쳤더니 다음과 같은 그림이 되었습니다.

이렇게 접었다 펼치면 예쁜 그림이 되지.

신기한 방법이네요.

이런 그림 방법을 데칼코마니라고 하는 거야.

종이에 물감을 바른 다음 종이를 반으로 접었다가 펼치면 **보기**와 같은 그림이 됩니다. 펼친 종이 위에 나타나는 그림을 그려 보시오.

보기

돋보기 포인트

똑같은 모양이 마주 보며 짝을 이루는 것을 **대칭**이라고 합니다. 종이의 왼쪽에 물감으로 그림을 그리고, 반으로 접었다가 펼치면 접은 선의 오른쪽에 대칭인 모양이 나타납니다.

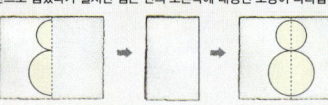

🐛 그림 완성하기

모눈 종이 위의 모양을 똑같이 2부분으로 잘랐습니다. 자른 왼쪽 부분의 모양이 다음과 같을 때 자르기 전의 모양을 그려 보시오.

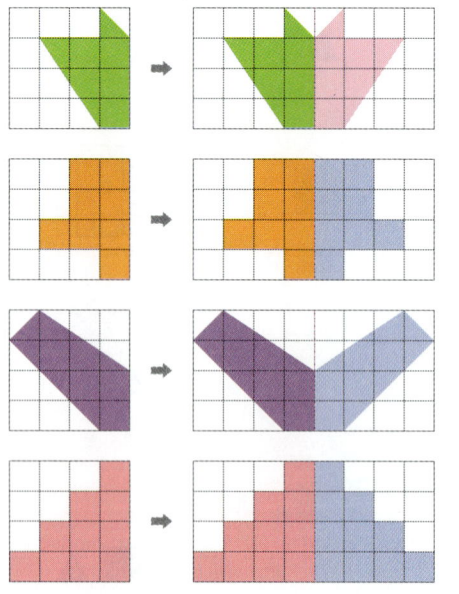

[스티커]

1 얼굴 스티커의 반쪽을 보고 나머지 부분을 완성하시오. (단, 얼굴 스티커의 왼쪽 부분과 오른쪽 부분은 대칭입니다.)

[데칼코마니]

2 물감으로 다음과 같이 그린 그림을 ①번 선을 따라 접었다 펼친 다음, 다시 ②번 선을 따라 접었다 펼쳤습니다. 종이에 나타난 그림을 그려 보시오.

멋지지~

꽃잎의 모양을 정확하게 그리지 않았다 하더라도 전체적인 모양이 맞으면 정답으로 인정합니다.

이렇게 접으면 물감이 반대쪽에도 똑같이 묻는단다.

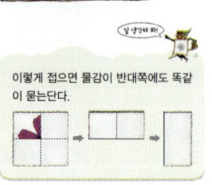

정답 및 해설　**7**

똑같은 모양으로 만들기

태경이는 다음과 같이 똑같은 모양 조각 2개를 가지고 있습니다. 이 모양 조각 2개를 사용하여 태경이가 만들 수 있는 모양이 아닌 것을 모두 찾아 ✕표 하시오.

이 두 조각을 사용한 거야.

1 똑같은 모양 조각 2개를 사용하여 다음 모양을 만들었습니다. 사용한 모양 조각을 고르시오. ①

똑같은 모양 2개로 나누어 보면 사용한 모양 조각을 알 수 있겠구나.

[모양 조각]

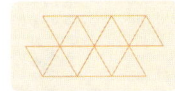  

[모양 조각 3개]

2 주어진 모양 조각 3개를 모두 사용하여 만든 모양입니다. 다음 모양에 만든 방법을 나타내어 보시오.

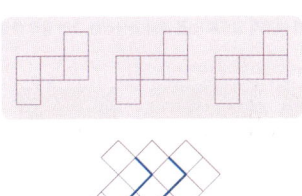

창의적 문제해결력

1 왼쪽 모양과 똑같은 모양을 오른쪽 점 종이 위에 그려 보시오.

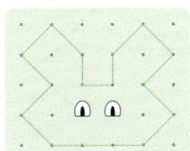 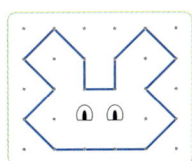

2 주어진 모양과 같은 모양이 아닌 것을 찾아 ✕표 하시오.

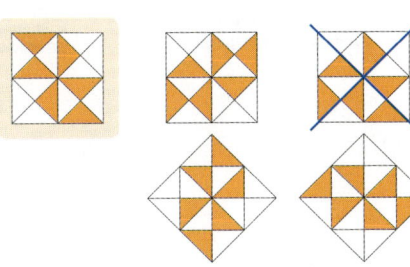

⚑ 동영상 특강
QR 코드를 찍어 보세요!!!

3 보기 와 같이 크기와 모양이 모두 같은 두 부분으로 나누어 보시오. (단, 나눈 모양을 돌리거나 뒤집어서 같은 모양인 경우 같은 방법입니다.)

보기

예

여러 가지 답이 있습니다.

③ 똑같은 모양 2개

두 꼬마 요괴가 땅을 서로 가지려고 싸우고 있습니다.

내 땅이야!

나한테도 땅을 줘야지. 앙앙.

장난 요괴

울보 요괴

울보 요괴가 불쌍해.

4칸씩 똑같이 나누어 가지도록 우리가 도와주자.

두 꼬마 요괴가 싸우지 않도록 선을 따라 울타리를 그려 땅을 똑같은 모양으로 나누어 주시오.

---

① 똑같은 모양의 땅을 가지도록 울타리를 그려 보시오.

 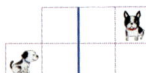

② 똑같은 모양 2개로 나누어 보시오.

 똑크 포인트

하나의 모양을 똑같은 모양 2개로 나누는 방법은 여러 가지가 있습니다.

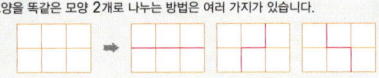

똑같이 나누기

지오는 다음과 같이 모눈 종이에 선을 그어 똑같은 모양 2개로 나누었습니다. 지오와 같이 여러 가지 방법으로 선을 그어 똑같은 모양 2개를 만들어 보시오.

똑같은 모양 2개 가 생겼어~

예

예

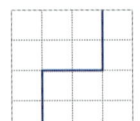 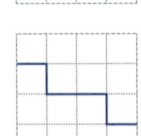 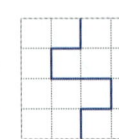

여러 가지 답이 있습니다.

모두 16칸이네. 8칸씩 나누어야 겠구나.

[똑같이 나누기]

1 똑같은 모양 2개가 되도록 여러 가지 방법으로 나누어 보시오.

예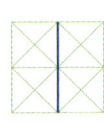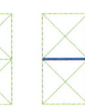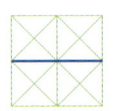

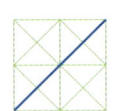 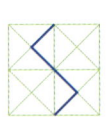 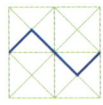

여러 가지 답이 있습니다.

[똑같은 모양]

2 똑같은 모양 2개가 되도록 여러 가지 방법으로 나누어 보시오. (단, 나눈 모양을 돌리거나 뒤집어서 같은 모양인 경우 같은 방법입니다.)

나누어진 모양이 같으니까 다음 2가지는 같은 방법인 거야. 몰랐지?

예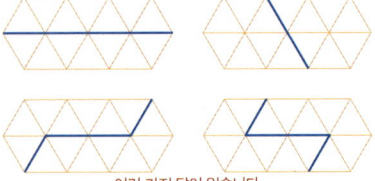

여러 가지 답이 있습니다.

다른 모양 찾기

아인이는 모양 도장을 가지고 있습니다. 다음 중 아인이의 도장을 찍은 것이 아닌 것을 찾아 ✕표 하시오.

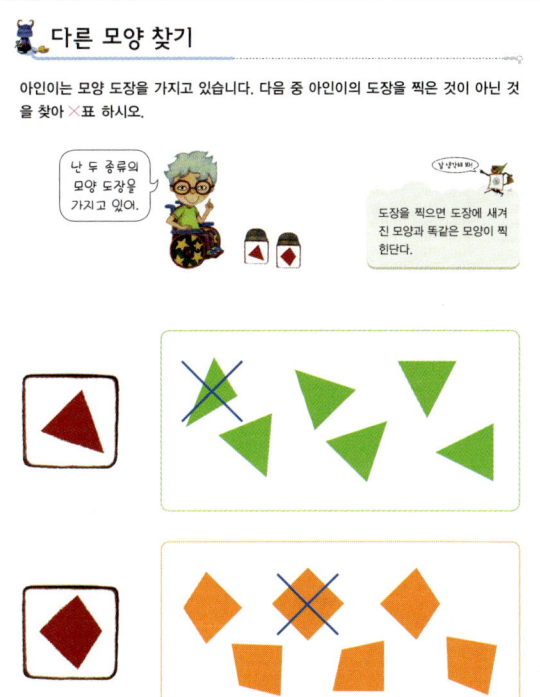

18·19

[다른 모양]

1 다음 중 다른 모양 하나를 찾아 ✕표 하시오.

①
②
③

모양 하나를 뒤집거나 돌려가며 비교해 보면 쉽지.

똑같은 모양 찾기

초이가 가진 9장의 카드는 3장씩 똑같은 모양입니다. 다음 카드를 보고 똑같은 모양을 3장씩 짝을 지어 보시오. (ㄱ,ㅁ,ㅂ), (ㄴ,ㄹ,ㅇ), (ㄷ,ㅅ,ㅈ)

모양을 잘 보면 찾을 수 있지.

선과 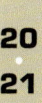의 위치를 잘 봐야 해.

20·21

[똑같은 모양]

1 꼬마 요괴가 왼쪽과 똑같은 모양 하나를 오른쪽에 숨겨 놓았습니다. 요괴가 숨겨 놓은 모양을 찾아보시오.

숨기고 갈 거야.

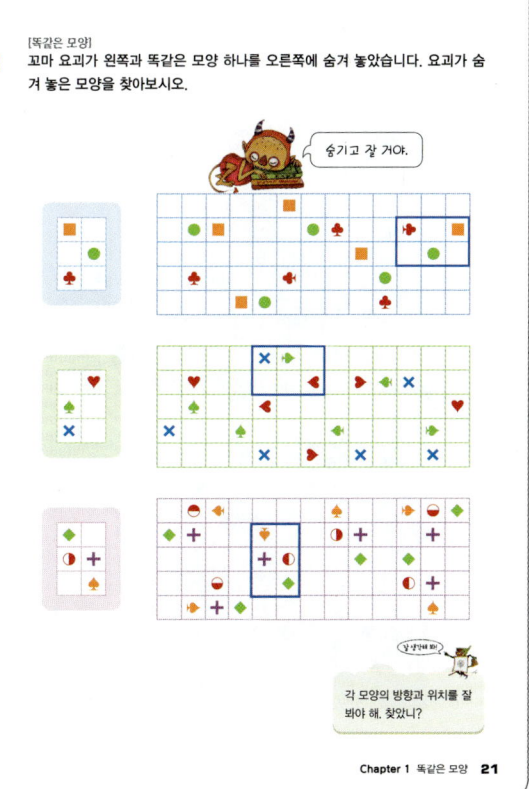

각 모양의 방향과 위치를 잘 봐야 해. 찾았니?

---

4   A3 평면도형

돌려라 돌려라

14
15

꼬마 요괴가 주어진 점 종이를 빙글빙글 돌렸습니다. 점 종이가 오른쪽과 같이 멈췄을 때, 오른쪽 점 종이 위에 알맞은 모양을 완성하여 보시오.

점 종이를 왼쪽으로 얼마만큼 돌렸는지 알 수 있겠지?

[돌린 모양]

1 보기 와 같이 점 종이를 시계 방향으로 돌립니다. 같은 방법으로 점 종이를 돌렸을 때 알맞은 그림을 완성해 보시오.

보기
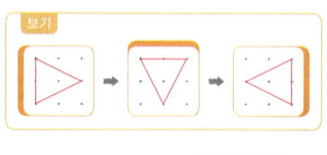

시계 방향은 바늘이 돌아가는 방향이지.

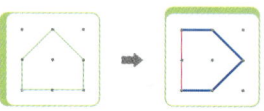

 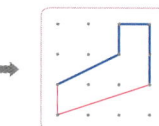 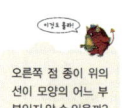

[똑같은 도형]

2 왼쪽 점 종이를 돌려서 오른쪽 모양이 되었습니다. 모양을 완성해 보시오.

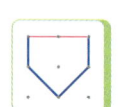
오른쪽 점 종이 위의 선이 모양의 어느 부분인지 알 수 있을까?

② 모양 찾기

16
17

두 그림을 비교하여 다른 부분 **5**곳을 찾아보시오.

지오가 만든 모양과 똑같은 모양을 초이가 만들려고 합니다. 잘못 만든 부분 **3**곳을 모두 찾아 ✕표 하시오.

뽀로로 포인트

모양을 뒤집거나 돌려도 모양과 크기가 모두 같으면 똑같은 모양입니다.
다음은 모두 똑같은 모양입니다.

정답 및 해설 **3**

똑같은 모양

1 똑같은 모양

똑같은 모양을 가지고 있는 수학 요정에 ◯표, 다른 모양을 가지고 있는 수학 요정에 ✕표 하시오.

똑같은 모양을 가지고 있는 꼬마 요괴끼리 선으로 이어 보시오.

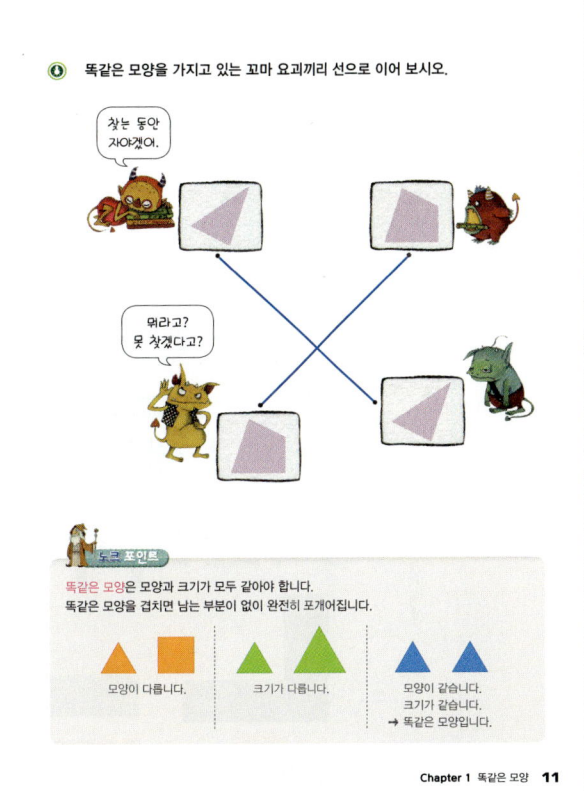

똑같이 그리기

수학 요정이 그린 왼쪽 그림을 오른쪽 점 종이 위에 똑같이 그려 보시오.

[똑같은 그림]

1 다음과 똑같이 그리고, 그림의 제목을 지어 보시오.

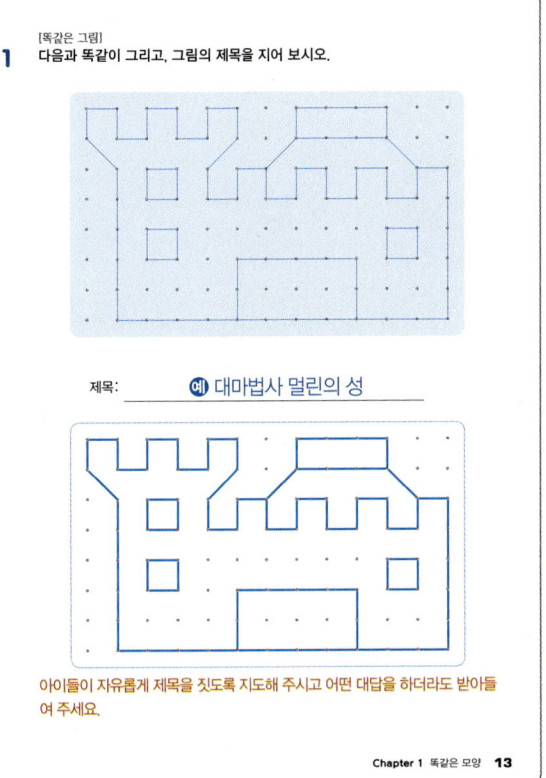

제목: **예 대마법사 멀린의 성**

아이들이 자유롭게 제목을 짓도록 지도해 주시고 어떤 대답을 하더라도 받아들여 주세요.

정답 및 해설

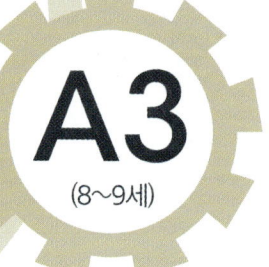

누구나
쉽고 재미있게

사고력 수학

노크

A3
(8~9세)

평면도형

정답및
해설

평면
도형

A3
(8~9세)

누구나 쉽고 재미있게
사고력
수학
노크

천재교육